Georg Büchner, geboren am 17. Oktober 1813 in Goddelau bei Darmstadt, ist am 19. Februar 1837 in Zürich gestorben.

Seit dem März 1835 ist er ein Ausgestoßener und Verfolgter, der aus Deutschland nach Frankreich flüchten muß. Seine konspirativen Verbindungen, der Versuch, mit dem »Hessischen Landboten« die revolutionäre Stimmung der Bauern zu erkunden, sind verraten worden. Er lebt in Straßburg mit der beständigen Sorge, als steckbrieflich gesuchter politischer Flüchtling nach Hessen ausgeliefert zu werden, er leidet mit seinen in den hessischen Kerkern inhaftierten Freunden. In dieser Situation beginnt er sich mit dem »Lenz«-Stoff, mit den Dokumenten über den Aufenthalt des wahnsinnig werdenden Sturm-und-Drang-Dichters J. M. R. Lenz in den Vogesen zu beschäftigen. Er schreibt sich in der Erzählung seine Ängste, Schuldgefühle und Alpträume, aber auch seine politische Ohnmacht von der Seele. Nach dem Revolutionär Danton wird nun ein wahlverwandter Dichter sein Stellvertreter.

Obwohl nicht ganz fertiggestellt, gehört der »Lenz« zu den großartigsten Zeugnissen deutscher Prosa.

insel taschenbuch 429
Büchner
Lenz

GEORG BÜCHNER
LENZ

Erzählung

mit Oberlins Aufzeichnungen
›Der Dichter Lenz, im Steinthale‹,
ausgewählten Briefen
von J. M. R. Lenz
und einem Nachwort von
Jürgen Schröder

INSEL VERLAG

insel taschenbuch 429
Erste Auflage 1985
© dieser Ausgabe Insel Verlag Frankfurt am Main 1985
Vertrieb durch den Suhrkamp Taschenbuch Verlag
Umschlag nach Entwürfen von Willy Fleckhaus
Satz: Fotosatz Otto Gutfreund, Darmstadt
Druck: Nomos Verlagsgesellschaft, Baden-Baden
Printed in Germany

1 2 3 4 5 6 - 90 89 88 87 86 85

Inhalt

GEORG BÜCHNER
LENZ

Den 20. Jänner ging Lenz durch's Gebirg. Die Gipfel und hohen Bergflächen im Schnee, die Thäler hinunter graues Gestein, grüne Flächen, Felsen und Tannen. Es war naßkalt, das Wasser rieselte die Felsen hinunter und sprang über den Weg. Die Äste der Tannen hingen schwer herab in die feuchte Luft. Am Himmel zogen graue Wolken, aber Alles so dicht, und dann dampfte der Nebel herauf und strich schwer und feucht durch das Gesträuch, so träg, so plump. Er ging gleichgültig weiter, es lag ihm nichts am Weg, bald auf- bald abwärts. Müdigkeit spürte er keine, nur war es ihm manchmal unangenehm, daß er nicht auf dem Kopf gehn konnte. Anfangs drängte es ihm in der Brust, wenn das Gestein so wegsprang, der graue Wald sich unter ihm schüttelte, und der Nebel die Formen bald verschlang, bald die gewaltigen Glieder halb enthüllte; es drängte in ihm, er suchte nach etwas, wie nach verlornen Träumen, aber er fand nichts. Es war ihm Alles so klein, so nahe, so naß, er hätte die Erde hinter den Ofen setzen mögen, er begriff nicht, daß er so viel Zeit brauchte, um einen Abhang hinunter zu klimmen, einen fernen Punkt zu erreichen; er meinte, er müsse Alles mit ein Paar Schritten ausmessen können. Nur manchmal, wenn der Sturm das Gewölk in die Thäler warf, und es den Wald herauf dampfte, und die Stimmen an den Felsen wach wurden, bald wie fern verhallende Donner, und dann gewaltig heran brausten, in Tönen, als wollten sie in ihrem wilden Jubel die Erde besingen, und die Wolken wie wilde wiehernde Rosse heransprengten, und der Sonnenschein dazwischen durchging und kam und sein blitzendes Schwert an den Schneeflächen zog, so daß ein helles, blendendes Licht über die Gipfel in die Thäler schnitt; oder wenn der Sturm das Gewölk abwärts trieb und einen lichtblauen See hineinriß, und dann der Wind verhallte und tief unten aus den Schluchten, aus den Wipfeln der Tannen wie ein Wiegenlied und Glockengeläute heraufsummte, und am tiefen Blau ein leises Roth hinaufklomm, und kleine Wölkchen auf silbernen Flügeln durchzogen und alle Berggipfel scharf und fest, weit über das Land hin glänzten und blitzten, riß es ihm in der Brust, er stand, keuchend, den Leib vorwärts gebogen, Augen und Mund weit offen, er meinte, er müsse den Sturm in sich ziehen, Alles in sich fassen, er dehnte sich aus und lag über der Erde, er wühlte sich in das All hinein, es war eine Lust, die ihm wehe that; oder er stand still und legte das Haupt in's Moos und schloß die Augen halb, und dann zog es weit von ihm, die Erde wich unter ihm, sie wurde klein wie ein wandelnder Stern und tauchte sich in einen brausenden Strom, der seine klare Fluth unter ihm zog. Aber es waren nur Augenblicke, und dann erhob er sich nüchtern, fest, ruhig als wäre ein Schattenspiel vor ihm vorübergezogen, er wußte von nichts mehr. Gegen Abend kam er auf die Höhe des Gebirgs, auf das Schneefeld, von wo man wieder hinabstieg in die Ebene nach Westen, er setzte sich oben nieder. Es war gegen Abend ruhiger geworden; das Gewölk lag fest und unbeweglich am Himmel, so weit der Blick reichte, nichts als Gipfel, von denen sich breite Flächen hinabzogen, und Alles so still, grau, dämmernd; es wurde ihm entsetzlich einsam, er war allein, ganz allein, er wollte mit sich sprechen, aber er konnte nicht, er wagte kaum zu athmen, das Biegen seines Fußes tönte wie Donner unter ihm, er mußte sich niedersetzen; es faßte ihn eine namenlose Angst in diesem Nichts, er war im Leeren, er riß sich auf und flog den Abhang hinunter. Es war finster geworden, Himmel und Erde verschmolzen in Eins. Es war als ginge ihm was nach, und als müsse ihn was Entsetzliches erreichen, etwas das Menschen nicht ertragen können, als jage der Wahnsinn auf Rossen hinter ihm. Endlich hörte er Stimmen, er sah Lichter, es wurde ihm leichter, man sagte ihm, er hätte noch eine halbe Stunde nach *Waldbach*. Er ging durch das Dorf, die Lichter schienen durch die Fenster, er sah hinein im Vorbeigehen, Kinder am Tische, alte Weiber, Mädchen, Alles ruhige, stille Gesichter, es war ihm als müsse das Licht von ihnen ausstrahlen, es ward ihm leicht, er war bald in Waldbach im Pfarrhause. Man saß am Tische, er hinein;

die blonden Locken hingen ihm um das bleiche Gesicht, es zuckte ihm in den Augen und um den Mund, seine Kleider waren zerrissen. *Oberlin* hieß ihn willkommen, er hielt ihn für einen Handwerker. »Seyn Sie mir willkommen, obschon Sie mir unbekannt.« – Ich bin ein Freund von ... und bringe Ihnen Grüße von ihm. – »Der Name, wenn's beliebt?« – *Lenz.* – »Ha, ha, ha, ist Er nicht gedruckt? Habe ich nicht einige Dramen gelesen, die einem Herrn dieses Namens zugeschrieben werden?« – Ja, aber belieben Sie mich nicht darnach zu beurtheilen. Man sprach weiter, er suchte nach Worten und erzählte rasch, aber auf der Folter; nach und nach wurde er ruhig, das heimliche Zimmer und die stillen Gesichter, die aus dem Schatten hervortraten, das helle Kindergesicht, auf dem alles Licht zu ruhen schien und das neugierig, vertraulich aufschaute, bis zur Mutter, die hinten im Schatten engelgleich stille saß. Er fing an zu erzählen, von seiner Heimath; er zeichnete allerhand Trachten, man drängte sich theilnehmend um ihn, er war gleich zu Haus, sein blasses Kindergesicht, das jetzt lächelte, sein lebendiges Erzählen; er wurde ruhig, es war ihm als träten alte Gestalten, vergessene Gesichter wieder aus dem Dunkeln, alte Lieder wachten auf, er war weg, weit weg. Endlich war es Zeit zum Gehen, man führte ihn über die Straße, das Pfarrhaus war zu eng, man gab ihm ein Zimmer im Schulhause. Er ging hinauf, es war kalt oben, eine weite Stube, leer, ein hohes Bett im Hinter-

grund, er stellte das Licht auf den Tisch, und ging auf
und ab, er besann sich wieder auf den Tag, wie er hergekommen, wo er war, das Zimmer im Pfarrhause mit
seinen Lichtern und lieben Gesichtern, es war ihm wie
ein Schatten, ein Traum, und es wurde ihm leer, wieder wie auf dem Berg, aber er konnte es mit nichts mehr
ausfüllen, das Licht war erloschen, die Finsterniß verschlang Alles; eine unnennbare Angst erfaßte ihn, er
sprang auf, er lief durchs Zimmer, die Treppe hinunter,
vor's Haus; aber umsonst, Alles finster, nichts, er war
sich selbst ein Traum, einzelne Gedanken huschten
auf, er hielt sie fest, es war ihm als müsse er immer
»Vater unser« sagen; er konnte sich nicht mehr finden,
ein dunkler Instinkt trieb ihn, sich zu retten, er stieß an
die Steine, er riß sich mit den Nägeln, der Schmerz fing
an, ihm das Bewußtsein wiederzugeben, er stürzte sich
in den Brunnstein, aber das Wasser war nicht tief, er
patschte darin. Da kamen Leute, man hatte es gehört,
man rief ihm zu. Oberlin kam gelaufen; Lenz war wieder zu sich gekommen, das ganze Bewußtsein seiner
Lage stand vor ihm, es war ihm wieder leicht, jetzt
schämte er sich und war betrübt, daß er den guten Leuten Angst gemacht, er sagte ihnen, daß er gewohnt sey
kalt zu baden, und ging wieder hinauf; die Erschöp-
fung ließ ihn endlich ruhen.

Den andern Tag ging es gut. Mit Oberlin zu Pferde
durch das Thal; breite Bergflächen, die aus großer
Höhe sich in ein schmales, gewundnes Thal zusam-

menzogen, das in mannichfachen Richtungen sich hoch an den Bergen hinaufzog, große Felsenmassen, die sich nach unten ausbreiteten, wenig Wald, aber Alles im grauen ernsten Anflug, eine Aussicht nach Westen in das Land hinein und auf die Bergkette, die sich grad hinunter nach Süden und Norden zog, und deren Gipfel gewaltig, ernsthaft oder schweigend still, wie ein dämmernder Traum standen. Gewaltige Lichtmassen, die manchmal aus den Thälern, wie ein goldner Strom schwollen, dann wieder Gewölk, das an dem höchsten Gipfel lag, und dann langsam den Wald herab in das Thal klomm, oder in den Sonnenblitzen sich wie ein fliegendes silbernes Gespinnst herabsenkte und hob; kein Lärm, keine Bewegung, kein Vogel, nichts als das bald nahe, bald ferne Wehn des Windes. Auch erschienen Punkte, Gerippe von Hütten, Bretter mit Stroh gedeckt, von schwarzer ernster Farbe. Die Leute, schweigend und ernst, als wagten sie die Ruhe ihres Thales nicht zu stören, grüßten ruhig, wie sie vorbeiritten. In den Hütten war es lebendig, man drängte sich um Oberlin, er wies zurecht, gab Rath, tröstete; überall zutrauensvolle Blicke, Gebet. Die Leute erzählten Träume, Ahnungen. Dann rasch in's praktische Leben, Wege angelegt, Kanäle gegraben, die Schule besucht. Oberlin war unermüdlich, Lenz fortwährend sein Begleiter, bald in Gespräch, bald thätig am Geschäft, bald in die Natur versunken. Es wirkte Alles wohlthätig und beruhigend auf ihn, er mußte Oberlin oft in die Augen sehen, und die mächtige Ruhe, die uns über der ruhenden Natur, im tiefen Wald, in mondhellen schmelzenden Sommernächten überfällt, schien ihm noch näher, in diesem ruhigen Auge, diesem ehrwürdigen ernsten Gesicht. Er war schüchtern, aber er machte Bemerkungen, er sprach, Oberlin war sein Gespräch sehr angenehm, und das anmuthige Kindergesicht Lenzens machte ihm große Freude. Aber nur so lange das Licht im Thale lag, war es ihm erträglich; gegen Abend befiel ihn eine sonderbare Angst, er hätte der Sonne nachlaufen mögen; wie die Gegenstände nach und nach schattiger wurden, kam ihm Alles so traumartig, so zuwider vor, es kam ihm die Angst an wie Kindern, die im Dunkeln schlafen; es war ihm als sey er blind; jetzt wuchs sie, der Alp des Wahnsinns setzte sich zu seinen Füßen, der rettungslose Gedanke, als sey Alles nur sein Traum, öffnete sich vor ihm, er klammerte sich an alle Gegenstände, Gestalten zogen rasch an ihm vorbei, er drängte sich an sie, es waren Schatten, das Leben wich aus ihm und seine Glieder waren ganz starr. Er sprach, er sang, er recitirte Stellen aus Shakespeare, er griff nach Allem, was sein Blut sonst hatte rascher fließen machen, er versuchte Alles, aber kalt, kalt. Er mußte dann hinaus ins Freie, das wenige, durch die Nacht zerstreute Licht, wenn seine Augen an die Dunkelheit gewöhnt waren, machte ihm besser, er stürzte sich in den Brunnen, die grelle Wirkung des Wassers machte ihm besser, auch hatte er eine geheime Hoffnung auf eine Krankheit, er verrichtete sein Bad jetzt mit weniger Geräusch. Doch jemehr er sich in das Leben hineinlebte, ward er ruhiger, er unterstützte Oberlin, zeichnete, las die Bibel; alte vergangne Hoffnungen gingen in ihm auf; das neue Testament trat ihm hier so entgegen, und eines Morgens ging er hinaus. Wie Oberlin ihm erzählte, wie ihn eine unaufhaltsame Hand auf der Brücke gehalten hätte, wie auf der Höhe ein Glanz seine Augen geblendet hätte, wie er eine Stimme gehört hätte, wie es in der Nacht mit ihm gesprochen, und wie Gott so ganz bei ihm eingekehrt, daß er kindlich seine Loose aus der Tasche holte, um zu wissen, was er thun sollte, dieser Glaube, dieser ewige Himmel im Leben, dies Seyn in Gott; jetzt erst ging ihm die heilige Schrift auf. Wie den Leuten die Natur so nah trat, alles in himmlischen Mysterien; aber nicht gewaltsam majestätisch, sondern noch vertraut! – Er ging des Morgens hinaus, die Nacht war Schnee gefallen, im Thal lag heller Sonnenschein, aber weiterhin die Landschaft halb im Nebel. Er kam bald vom Weg ab, und eine sanfte Höhe hinauf, keine Spur von Fußtritten mehr, neben einem Tannenwald hin, die Sonne schnitt Krystalle, der Schnee war leicht und flockig, hie und da Spur von Wild leicht auf dem Schnee, die sich ins Gebirg hinzog. Keine Regung in der Luft als ein leises Wehen, als das Rauschen eines Vogels, der die Flocken leicht vom Schwanze stäubte. Alles so still, und die Bäume weithin mit schwankenden weißen Federn in der tiefblauen Luft. Es wurde

ihm heimlich nach und nach, die einförmigen gewaltigen Flächen und Linien, vor denen es ihm manchmal
war, als ob sie ihn mit gewaltigen Tönen anredeten,
waren verhüllt, ein heimliches Weihnachtsgefühl beschlich ihn, er meinte manchmal seine Mutter müsse
hinter einem Baume hervortreten, groß, und ihm
sagen, sie hätte ihm dies Alles bescheert; wie er hin-
unterging, sah er, daß um seinen Schatten sich ein Re-
genbogen von Strahlen legte, es wurde ihm, als hätte
ihn was an der Stirn berührt, das Wesen sprach ihn an.
Er kam hinunter. Oberlin war im Zimmer, Lenz kam
heiter auf ihn zu, und sagte ihm, er möge wohl einmal
predigen. – »Sind Sie Theologe?« – Ja! – »Gut, nächsten Sonntag.«

Lenz ging vergnügt auf sein Zimmer, er dachte auf
einen Text zum Predigen und verfiel in Sinnen, und
seine Nächte wurden ruhig. Der Sonntagmorgen kam,
es war Thauwetter eingefallen. Vorüberstreifende Wolken, Blau dazwischen, die Kirche lag neben am Berg
hinauf, auf einem Vorsprung, der Kirchhof drum herum. Lenz stand oben, wie die Glocke läutete und die
Kirchengänger, die Weiber und Mädchen in ihrer ernsten schwarzen Tracht, das weiße gefaltete Schnupf-
tuch auf dem Gesangbuche und den Rosmarinzweig
von den verschiedenen Seiten die schmalen Pfade zwischen den Felsen herauf und herab kamen. Ein Son-
nenblick lag manchmal über dem Thal, die laue Luft
regte sich langsam, die Landschaft schwamm im Duft,

fernes Geläute, es war als löste sich Alles in eine harmonische Welle auf.

Auf dem kleinen Kirchhof war der Schnee weg, dunkles Moos unter den schwarzen Kreuzen, ein verspäteter Rosenstrauch lehnte an der Kirchhofmauer, verspätete Blumen dazu unter dem Moos hervor, manchmal Sonne, dann wieder dunkel. Die Kirche fing an, die Menschenstimmen begegneten sich im reinen hellen Klang; ein Eindruck, als schaue man in reines durchsichtiges Bergwasser. Der Gesang verhallte, Lenz sprach, er war schüchtern, unter den Tönen hatte sein Starrkrampf sich ganz gelegt, sein ganzer Schmerz wachte jetzt auf, und legte sich in sein Herz. Ein süßes Gefühl unendlichen Wohls beschlich ihn. Er sprach einfach mit den Leuten, sie litten alle mit ihm, und es war ihm ein Trost, wenn er über einige müdgeweinte Augen Schlaf, und gequälten Herzen Ruhe bringen, wenn er über dieses von materiellen Bedürfnißen gequälte Seyn, diese dumpfen Leiden gen Himmel leiten konnte. Er war fester geworden, wie er schloß, da fingen die Stimmen wieder an:

> Laß in mir die heil'gen Schmerzen,
> Tiefe Bronnen ganz aufbrechen;
> Leiden sey all' mein Gewinnst,
> Leiden sey mein Gottesdienst.

Das Drängen in ihm, die Musik, der Schmerz, erschütterte ihn. Das All war für ihn in Wunden; er fühlte tiefen unnennbaren Schmerz davon. Jetzt, ein anderes Seyn, göttliche, zuckende Lippen bückten sich über ihm aus, und sogen sich an seine Lippen; er ging auf sein einsames Zimmer. Er war allein, allein! Da rauschte die Quelle, Ströme brachen aus seinen Augen, er krümmte sich in sich, es zuckten seine Glieder, es war ihm als müsse er sich auflösen, er konnte kein Ende finden der Wollust; endlich dämmerte es in ihm, er empfand ein leises tiefes Mitleid mit sich selbst, er weinte über sich, sein Haupt sank auf die Brust, er schlief ein, der Vollmond stand am Himmel, die Locken fielen ihm über die Schläfe und das Gesicht, die Thränen hingen ihm an den Wimpern und trockneten auf den Wangen, so lag er nun da allein, und Alles war ruhig und still und kalt, und der Mond schien die ganze Nacht und stand über den Bergen.

Am folgenden Morgen kam er herunter, er erzählte Oberlin ganz ruhig, wie ihm die Nacht seine Mutter erschienen sey; sie sey in einem weißen Kleide aus der dunkeln Kirchhofmauer hervorgetreten, und habe eine weiße und eine rothe Rose an der Brust stecken gehabt; sie sey dann in eine Ecke gesunken, und die Rosen seyen langsam über sie gewachsen, sie sey gewiß todt; er sey ganz ruhig darüber. Oberlin versetzte ihm nun, wie er bei dem Tod seines Vaters allein auf dem Felde gewesen sey, und er dann eine Stimme gehört habe, so daß er wußte, daß sein Vater todt sey, und wie er heimgekommen, sey es so gewesen. Das führte sie weiter, Oberlin sprach noch von den Leuten im Gebirge, von Mädchen, die das Wasser und Metall unter der Erde fühlten, von Männern, die auf manchen Berghöhen angefaßt würden und mit einem Geiste rängen; er sagte ihm auch, wie er einmal im Gebirg durch das Schauen in ein leeres tiefes Bergwasser in eine Art von Somnambulismus versetzt worden sey. Lenz sagte, daß der Geist des Wassers über ihn gekommen sey, daß er dann etwas von seinem eigenthümlichen Seyn empfunden hätte. Er fuhr weiter fort: Die einfachste, reinste Natur hinge am nächsten mit der elementarischen zusammen, je feiner der Mensch geistig fühlt und lebt, um so abgestumpfter würde dieser elementarische Sinn; er halte ihn nicht für einen hohen Zustand, er sey nicht selbstständig genug, aber er meine, es müsse ein unendliches Wonnegefühl seyn, so von dem eigenthümlichen Leben jeder Form berührt zu werden; für Gesteine, Metalle, Wasser und Pflanzen eine Seele zu haben; so traumartig jedes Wesen in der Natur in sich aufzunehmen, wie die Blumen mit dem Zu- und Abnehmen des Mondes die Luft.

Er sprach sich selbst weiter aus, wie in Allem eine unaussprechliche Harmonie, ein Ton, eine Seeligkeit sey, die in den höhern Formen mit mehr Organen aus sich herausgriffe, tönte, auffaßte und dafür aber auch um so tiefer afficirt würde, wie in den niedrigen For men Alles zurückgedrängter, beschränkter, dafür aber auch die Ruhe in sich größer sey. Er verfolgte das noch weiter. Oberlin brach es ab, es führte ihn zu weit von seiner einfachen Art ab. Ein andermal zeigt ihm Oberlin Farbentäfelchen, er setzte ihm auseinander, in welcher Beziehung jede Farbe mit dem Menschen stände, er brachte zwölf Apostel heraus, deren jeder durch eine Farbe repräsentirt würde. Lenz faßte das auf, er spann die Sache weiter, kam in ängstliche Träume, und fing an wie Stilling die Apocalypse zu lesen, und las viel in der Bibel.

Um diese Zeit kam *Kaufmann* mit seiner Braut in's Steinthal. Lenzen war Anfangs das Zusammentreffen unangenehm, er hatte sich so ein Plätzchen zurechtgemacht, das bischen Ruhe war ihm so kostbar und jetzt kam ihm Jemand entgegen, der ihn an so vieles erinnerte, mit dem er sprechen, reden mußte, der seine Verhältnisse kannte. Oberlin wußte von Allem nichts; er hatte ihn aufgenommen, gepflegt; er sah es als eine Schickung Gottes, der den Unglücklichen ihm zugesandt hätte, er liebte ihn herzlich. Auch war es Allen nothwendig, daß er da war, er gehörte zu ihnen, als wäre er schon längst da, und Niemand frug, woher er gekommen und wohin er gehen werde. Über Tisch war Lenz wieder in guter Stimmung, man sprach von Literatur, er war auf seinem Gebiete; die idealistische Periode fing damals an, Kaufmann war ein Anhängr davon, Lenz widersprach heftig. Er sagte: Die Dichter, von denen man sage, sie geben die Wirklichkeit, hätten auch keine Ahnung davon, doch seyen sie immer noch erträglicher, als die, welche die Wirklichkeit verklären wollten. Er sagte: Der liebe Gott hat die Welt wohl gemacht wie sie seyn soll, und wir können wohl nicht was Besseres klecksen, unser einziges Bestreben soll seyn, ihm ein wenig nachzuschaffen. Ich verlange in allem Leben, Möglichkeit des Daseins, und dann ist's gut; wir haben dann nicht zu fragen, ob es schön, ob es häßlich ist, das Gefühl, daß Was geschaffen sey, Leben habe, stehe über diesen Beiden, und sey das einzige Kriterium in Kunstsachen. Übrigens begegne es uns nur selten, in Shakespeare finden wir es und in den Volksliedern tönt es einem ganz, in Göthe manchmal entgegen. Alles Übrige kann man ins Feuer werfen. Die Leute können auch keinen Hundsstall zeichnen. Da wolle man idealistische Gestalten, aber Alles, was ich davon gesehen, sind Holzpuppen. Dieser Idealismus ist die schmählichste Verachtung der menschlichen Natur. Man versuche es einmal und senke sich in das Leben des Geringsten und gebe es wieder, in den Zukkungen, den Andeutungen, dem ganzen feinen, kaum bemerkten Mienenspiel; er hätte dergleichen versucht im »Hofmeister« und den »Soldaten«. Es sind die prosaischsten Menschen unter der Sonne; aber die Gefühlsader ist in fast allen Menschen gleich, nur ist die Hülle mehr oder weniger dicht, durch die sie brechen muß. Man muß nur Aug und Ohren dafür haben. Wie ich gestern neben am Thal hinaufging, sah ich auf einem Steine zwei Mädchen sitzen, die eine band ihre Haare auf, die andre half ihr; und das goldne Haar hing herab, und ein ernstes bleiches Gesicht, und doch so jung, und die schwarze Tracht und die andre so sorgsam bemüht. Die schönsten, innigsten Bilder der altdeutschen Schule geben kaum eine Ahnung davon. Man möchte manchmal ein Medusenhaupt seyn, um so eine Gruppe in Stein verwandeln zu können, und den Leuten zurufen. Sie standen auf, die schöne Gruppe war zerstört; aber wie sie so hinabstiegen, zwischen den Felsen war es wieder ein anderes Bild. Die schönsten Bilder, die schwellendsten Töne, gruppiren, lösen sich auf. Nur eins bleibt, eine unendliche Schönheit, die aus einer Form in die andre tritt, ewig aufgeblättert, verändert, man kann sie aber freilich nicht immer festhalten und in Museen stellen und auf Noten ziehen und dann Alt und Jung herbeirufen, und die Buben und Alten darüber radotiren und sich entzücken lassen. Man muß die Menschheit lieben, um in das eigenthümliche Wesen jedes einzudringen, es darf einem keiner zu gering, keiner zu häßlich seyn, erst dann kann man sie verstehen; das unbedeutendste Gesicht macht einen tiefern Eindruck als die bloße Empfindung des Schönen, und man kann die Gestalten aus sich heraustreten lassen, ohne etwas vom Äußern hinein zu kopiren, wo einem kein Leben, keine Muskeln, kein Puls entgegen schwillt und pocht. Kaufmann warf ihm vor, daß er in der Wirklichkeit doch keine Typen für einen Apoll von Belvedere oder eine Raphaelische Madonna finden würde. Was liegt daran, versetzte er, ich muß gestehen, ich fühle mich dabei sehr todt, wenn ich in mir arbeite, kann ich auch wohl was dabei fühlen, aber ich thue das Beste daran. Der Dichter und Bildende ist mir der Liebste, der mir die Natur am Wirklichsten giebt, so daß ich über seinem Gebild fühle, Alles Übrige stört mich. Die Holländischen Maler sind mir lieber, als die Italiänischen, sie sind auch die einzigen faßlichen; ich kenne nur zwei Bilder, und zwar von Niederländern, die mir einen Eindruck gemacht hätten, wie das neue Testament; das Eine ist, ich weiß nicht von wem, Christus und die Jünger von Emaus. Wenn man so liest, wie die Jünger hinausgingen, es liegt gleich die ganze Natur in den Paar Worten. Es ist ein trüber, dämmernder Abend, ein einförmiger rother Streifen am Horizont, halbfinster auf der Straße, da kommt ein Unbekannter zu ihnen, sie sprechen, er bricht das Brod, da erkennen sie ihn, in einfach-menschlicher Art, und die göttlich-leidenden Züge reden ihnen deutlich, und sie erschrecken, denn es ist finster geworden, und es tritt sie etwas Unbegreifliches an, aber es ist kein gespenstisches Grauen; es ist wie wenn einem ein geliebter Todter in der Dämmerung in der alten Art entgegenträte, so ist das Bild, mit dem einförmigen, bräunlichen Ton darüber, dem trüben stillen Abend. Dann ein anderes. Eine Frau sitzt in ihrer Kammer, das Gebetbuch in der Hand. Es ist sonntäglich aufgeputzt, der Sand gestreut, so heimlich rein und warm. Die Frau hat nicht zur Kirche gekonnt, und sie verrichtet die Andacht zu Haus, das Fenster ist offen, sie sitzt darnach hingewandt, und es ist als schwebten zu dem Fenster über die weite ebne Landschaft die Glockentöne von dem Dorfe herein und verhallet der Sang der nahen Gemeinde aus der Kirche her, und die Frau liest den Text nach. – In der Art sprach er weiter, man horchte auf, es traf Vieles, er war roth geworden über den Reden, und bald lächelnd, bald ernst, schüttelte er die blonden Locken. Er hatte sich ganz vergessen. Nach dem Essen nahm ihn Kaufmann bei Seite. Er hatte Briefe von Lenzens Vater erhalten, sein Sohn sollte zurück, ihn unterstützen. Kaufmann sagte ihm, wie er sein Leben hier verschleudre, unnütz verliere, er solle sich ein Ziel stecken und dergleichen mehr. Lenz fuhr ihn an: Hier weg, weg! nach Haus? Toll werden dort? Du weißt, ich kann es nirgends aushalten, als da herum, in der Gegend, wenn ich nicht manchmal auf einen Berg könnte und die Gegend sehen könnte; und dann wieder herunter in's Haus, durch den Garten gehn, und zum Fenster hineinsehen. Ich würde toll! toll! Laßt mich doch in Ruhe! Nur ein bischen Ruhe, jetzt wo es mir ein wenig wohl wird! Weg? Ich verstehe das nicht, mit den zwei Worten ist die Welt verhunzt. Jeder hat was nöthig; wenn er ruhen kann, was könnt' er mehr haben! Immer steigen, ringen und so in Ewigkeit Alles was der Augenblick giebt, wegwerfen und immer darben, um einmal zu genießen; dürsten, während einem helle Quellen über den Weg springen. Es ist mir jetzt erträglich, und da will ich bleiben; warum? warum? Eben weil es mir wohl ist; was will mein Vater? Kann er mir geben? Unmöglich! Laßt mich in Ruhe. Er wurde heftig, Kaufmann ging, Lenz war verstimmt.

Am folgenden Tag wollte Kaufmann weg, er beredete Oberlin mit ihm in die Schweiz zu gehen. Der Wunsch, Lavater, den er längst durch Briefe kannte, auch persönlich kennen zu lernen, bestimmte ihn. Er sagte es zu. Man mußte einen Tag länger wegen der Zurüstungen warten. Lenz fiel das auf's Herz, er hatte, um seiner unendlichen Qual los zu werden, sich ängstlich an Alles geklammert; er fühlte in einzelnen Augenblicken tief, wie er sich Alles nur zurecht mache; er ging mit sich um wie mit einem kranken Kinde, manche Gedanken, mächtige Gefühle wurde er nur mit der größten Angst los, da trieb es ihn wieder mit unendlicher Gewalt darauf, er zitterte, das Haar sträubte ihm fast, bis er es in der ungeheuersten Anspannung erschöpfte. Er rettete sich in eine Gestalt, die ihm immer vor Augen schwebte, und in Oberlin; seine Worte, sein Gesicht thaten ihm unendlich wohl. So sah er mit Angst seiner Abreise entgegen.

Es war Lenzen unheimlich, jetzt allein im Hause zu bleiben. Das Wetter war milde geworden, er beschloß Oberlin zu begleiten, in's Gebirg. Auf der andern Seite, wo die Thäler sich in die Ebne ausliefen, trennten sie sich. Er ging allein zurück. Er durchstrich das Gebirg in verschiedenen Richtungen, breite Flächen zogen sich in die Thäler herab, wenig Wald, nichts als gewaltige Linien und weiter hinaus die weite rauchende Ebne, in der Luft ein gewaltiges Wehen, nirgends eine Spur von Menschen, als hie und da eine verlassene Hütte, wo die Hirten den Sommer zubrachten, an den Abhängen gelehnt. Er wurde still, vielleicht fast träumend, es verschmolz ihm Alles in eine Linie, wie eine steigende und sinkende Welle, zwischen Himmel und Erde, es war ihm als läge er an einem unendlichen Meer, das leise auf- und abwogte. Manchmal saß er, dann ging er wieder, aber langsam träumend. Er suchte keinen Weg. Es war finster Abend, als er an eine bewohnte Hütte kam, im Abhang nach dem Steinthal. Die Thüre war verschlossen, er ging an's Fenster, durch das ein Lichtschimmer fiel. Eine Lampe erhellte fast nur einen Punkt, ihr Licht fiel auf das bleiche Gesicht eines Mädchens, das mit halb geöffneten Augen, leise die Lippen bewegend, dahinter ruhte. Weiter weg im Dunkel saß ein altes Weib, das mit schnarrender Stimme aus einem Gesangbuch sang. Nach langem Klopfen öffnete sie; sie war halb taub, sie trug Lenz einiges Essen auf und wies ihm eine Schlafstelle an, wobei sie beständig ihr Lied fortsang. Das Mädchen hatte sich nicht gerührt. Einige Zeit darauf kam ein Mann herein, er war lang und hager, Spuren von grauen

Haaren, mit unruhigem verwirrtem Gesicht. Er trat zum Mädchen, sie zuckte auf und wurde unruhig. Er nahm ein getrocknetes Kraut von der Wand, und legte ihr die Blätter auf die Hand, so daß sie ruhiger wurde und verständliche Worte in langsam ziehenden, durchschneidenden Tönen summte. Er erzählte, wie er eine Stimme im Gebirge gehört, und dann über den Thälern ein Wetterleuchten gesehen habe, auch habe es ihn angefaßt und er habe damit gerungen wie Jakob. Er warf sich nieder und betete leise mit Inbrunst, während die Kranke in einem langsam ziehenden, leise verhallenden Ton sang. Dann gab er sich zur Ruhe.

Lenz schlummerte träumend ein, und dann hörte er im Schlaf, wie die Uhr pickte. Durch das leise Singen des Mädchens und die Stimme der Alten zugleich tönte das Sausen des Windes bald näher, bald ferner, und der bald helle, bald verhüllte Mond warf sein wechselndes Licht traumartig in die Stube. Einmal wurden die Töne lauter, das Mädchen redete deutlich und bestimmt, sie sagte, wie auf der Klippe gegenüber eine Kirche stehe. Lenz sah auf und sie saß mit weitgeöffneten Augen aufrecht hinter dem Tisch, und der Mond warf sein stilles Licht auf ihre Züge, von denen ein unheimlicher Glanz zu strahlen schien, zugleich schnarrte die Alte und über diesem Wechseln und Sinken des Lichts, den Tönen und Stimmen schlief endlich Lenz tief ein.

Er erwachte früh, in der dämmernden Stube schlief Alles, auch das Mädchen war ruhig geworden, sie lag zurückgelehnt, die Hände gefaltet unter der linken Wange; das Geisterhafte aus ihren Zügen war verschwunden, sie hatte jetzt einen Ausdruck unbeschreiblichen Leidens. Er trat an's Fenster und öffnete es, die kalte Morgenluft schlug ihm entgegen. Das Haus lag am Ende eines schmalen, tiefen Thales, das sich nach Osten öffnete , rothe Strahlen schossen durch den grauen Morgenhimmel in das dämmernde Thal, das im weißen Rauch lag und funkelten am grauen Gestein und trafen in die Fenster der Hütten. Der Mann erwachte, seine Augen trafen auf ein erleuchtet Bild an der Wand, sie richteten sich fest und starr darauf, nun fing er an die Lippen zu bewegen und betete leise, dann laut und immer lauter. Indem kamen Leute zur Hütte herein, sie warfen sich schweigend nieder. Das Mädchen lag in Zuckungen, die Alte schnarrte ihr Lied und plauderte mit den Nachbarn. Die Leute erzählten Lenzen, der Mann sey vor langer Zeit in die Gegend gekommen, man wisse nicht woher; er stehe im Rufe eines Heiligen, er sehe das Wasser unter der Erde und könne Geister beschwören, und man wallfahre zu ihm. Lenz erfuhr zugleich, daß er weiter vom Steinthal abgekommen, er ging weg mit einigen Holzhauern, die in die Gegend gingen. Es that ihm wohl, Gesellschaft zu finden; es war ihm jetzt unheimlich mit dem gewaltigen Menschen, von dem es ihm manchmal war, als rede er in entsetzlichen Tönen. Auch fürchtete er sich vor sich selbst in der Einsamkeit.

Er kam heim. Doch hatte die verflossene Nacht einen gewaltigen Eindruck auf ihn gemacht. Die Welt war ihm helle gewesen, und an sich ein Regen und Wimmeln nach einem Abgrund, zu dem ihn eine unerbittliche Gewalt hinriß. Er wühlte jetzt in sich. Er aß wenig; halbe Nächte im Gebet und fieberhaften Träumen. Ein gewaltsames Drängen, und dann erschöpft zurückgeschlagen; er lag in den heißesten Thränen, und dann bekam er plötzlich eine Stärke, und erhob sich kalt und gleichgültig, seine Thränen waren ihm dann wie Eis, er mußte lachen. Je höher er sich aufriß, desto tiefer stürzte er hinunter. Alles strömte wieder zusammen. Ahnungen von seinem alten Zustande durchzuckten ihn, und warfen Streiflichter in das wüste Chaos seines Geistes. Des Tags saß er gewöhnlich unten im Zimmer, Madame Oberlin ging ab und zu, er zeichnete, malte, las, griff nach jeder Zerstreuung, Alles hastig von einem zum andern. Doch schloß er sich jetzt besonders an Madame Oberlin an, wenn sie so da saß, das schwarze Gesangbuch vor sich, neben eine Pflanze, im Zimmer gezogen, das jüngste Kind zwischen den Knieen; auch machte er sich viel mit dem Kinde zu thun. So saß er einmal, da wurde ihm ängstlich, er sprang auf, ging auf und ab. Die Thüre halb offen, da hörte er die Magd singen, erst unverständlich, dann kamen die Worte

Auf dieser Welt hab' ich kein' Freud',
Ich hab' mein Schatz und der ist weit.

Das fiel auf ihn, er verging fast unter den Tönen. Madame Oberlin sah ihn an. Er faßte sich ein Herz, er konnte nicht mehr schweigen, er mußte davon sprechen. »Beste Madame Oberlin, können Sie mir nicht sagen, was das Frauenzimmer macht, dessen Schicksal mir so centnerschwer auf dem Herzen liegt?« – »Aber Herr Lenz, ich weiß von nichts.«

Er schwieg dann wieder und ging hastig im Zimmer auf und ab; dann fing er wieder an: Sehen Sie, ich will gehn; Gott, Sie sind noch die einzigen Menschen, wo ich's aushalten könnte, und doch – doch, ich muß weg, zu *ihr* – aber ich kann nicht, ich darf nicht. – Er war heftig bewegt und ging hinaus.

Gegen Abend kam Lenz wieder, es dämmerte in der Stube; er setzte sich neben Madame Oberlin. Sehn Sie, fing er wieder an, wenn sie so durch's Zimmer ging, und so halb für sich allein sang, und jeder Tritt war eine Musik, es war so eine Glückseligkeit in ihr, und das strömte in mich über, ich war immer ruhig, wenn ich sie ansah, oder sie so den Kopf an mich lehnte und Gott! Gott – Ich war schon lange nicht mehr ruhig. ... Ganz Kind; es war, als wär ihr die Welt zu weit, sie zog sich so in sich zurück, sie suchte das engste Plätzchen im ganzen Haus, und da saß sie, als wäre ihre ganze Seeligkeit nur in einem kleinen Punkt, und dann war mir's auch so; wie ein Kind hätte ich dann spielen können. Jetzt ist es mir so eng, so eng, sehn Sie, es ist mir manchmal, als stieß' ich mit den Händen an den Himmel; o ich erstikke! Es ist mir dabei oft, als fühlt' ich physischen Schmerz, da in der linken Seite, im Arm, womit ich sie sonst faßte. Doch kann ich sie mir nicht mehr vorstellen, das Bild läuft mir fort, und dies martert mich, nur wenn es mir manchmal ganz hell wird, so ist mir wieder recht wohl. – Er sprach später noch oft mit Madame Oberlin davon, aber meist nur in abgebrochenen Sätzen; sie wußte wenig zu antworten, doch that es ihm wohl.

Unterdessen ging es fort mit seinen religiösen Quälereien. Je leerer, je kälter, je sterbender er sich innerlich fühlte, desto mehr drängte es in ihn, eine Gluth in sich zu wecken, es kamen ihm Erinnerungen an die Zeiten, wo Alles in ihm sich drängte, wo er unter all' seinen Empfindungen keuchte; und jetzt so todt. Er verzweifelte an sich selbst, dann warf er sich nieder, er rang die Hände, er rührte Alles in sich auf; aber todt! todt! Dann flehete er, Gott möge ein Zeichen an ihm thun, dann wühlte er in sich, fastete, lag träumend am Boden. Am dritten Hornung hörte er, ein Kind in Fouday sey gestorben, er faßte es auf, wie eine fixe Idee. Er zog sich in sein Zimmer und fastete einen Tag. Am vierten trat er plötzlich in's Zimmer zu Madame Oberlin, er hatte sich das Gesicht mit Asche beschmiert, und forderte einen alten Sack; sie erschrak, man gab ihm, was er verlangte. Er wickelte den Sack um sich, wie ein Büßender, und schlug den Weg nach Fouday ein. Die Leute im Thale waren ihn schon gewohnt; man erzählte sich allerlei Seltsames von ihm. Er kam in's Haus, wo das Kind lag. Die Leute gingen gleichgültig ihrem Geschäfte nach; man wies ihm eine Kammer, das Kind lag im Hemde auf Stroh, auf einem Holztisch.

Lenz schauderte, wie er die kalten Glieder berührte und die halbgeöffneten gläsernen Augen sah. Das Kind kam ihm so verlassen vor, und er sich so allein und einsam; er warf sich über die Leiche nieder; der Tod erschreckte ihn, ein heftiger Schmerz faßte ihn an, diese Züge, dieses stille Gesicht sollten verwesen, er warf sich nieder, er betete mit allem Jammer der Verzweiflung, daß Gott ein Zeichen an ihm thue, und das Kind beleben möge, wie er schwach und unglücklich sey; dann sank er ganz in sich und wühlte all' seinen Willen auf einen Punkt, so saß er lange starr. Dann erhob er sich und faßte die Hände des Kindes und sprach laut und fest: Stehe auf und wandle! Aber die Wände hallten ihm nüchtern den Ton nach, daß es zu spotten schien, und die Leiche blieb kalt. Da stürzte er halb wahnsinnig nieder, dann jagte es ihn auf, hinaus in's Gebirg. Wolken zogen rasch über den Mond; bald Alles im Finstern, bald zeigten sie die nebelhaft verschwindende Landschaft im Mondschein. Er rannte auf und ab. In seiner Brust war ein Triumph-Gesang der Hölle. Der Wind klang wie ein Titanenlied, es war ihm, als könnte er eine ungeheure Faust hinauf in den Himmel ballen und Gott herbei reißen und zwischen seinen Wolken schleifen; als könnte er die Welt mit den Zähnen zermalmen und sie dem Schöpfer in's Gesicht speien; er schwur, er lästerte. So kam er auf die Höhe des Gebirges, und das ungewisse Licht dehnte sich hinunter, wo die weißen Steinmassen lagen, und der Himmel war ein dummes blaues Aug, und der Mond stand ganz lächerlich drin, einfältig. Lenz mußte laut lachen, und mit dem Lachen griff der Atheismus in ihn und faßte ihn ganz sicher und ruhig und fest. Er wußte nicht mehr, was ihn vorhin so bewegt hatte, es fror ihn, er dachte, er wolle jetzt zu Bette gehn, und er ging kalt und unerschütterlich durch das unheimliche Dunkel – es war ihm Alles leer und hohl, er mußte laufen und ging zu Bette.

Am folgenden Tag befiel ihn ein großes Grauen vor seinem gestrigen Zustande, er stand nun am Abgrund, wo eine wahnsinnige Lust ihn trieb, immer wieder hineinzuschauen, und sich diese Qual zu wiederholen. Dann steigerte sich seine Angst, die Sünde und der heilige Geist stand vor ihm.

Einige Tage darauf kam Oberlin aus der Schweiz zurück, viel früher als man es erwartet hatte. Lenz war darüber betroffen. Doch wurde er heiter, als Oberlin ihm von seinen Freunden im Elsaß erzählte. Oberlin ging dabei im Zimmer hin und her, und packte aus, legte hin. Dabei erzählte er von Pfeffel, das Leben eines Landgeistlichen glücklich preisend. Dabei ermahnte er ihn, sich in den Wunsch seines Vaters zu fügen, seinem Berufe gemäß zu leben, heimzukehren. Er sagte ihm: Ehre Vater und Mutter und dergleichen mehr. Über dem Gespräch gerieth Lenz in heftige Unruhe; er stieß tiefe Seufzer aus, Thränen drangen ihm aus den Augen, er sprach abgebrochen. Ja, ich halt' es aber nicht aus; wollen Sie mich verstoßen? Nur in Ihnen ist der Weg zu Gott. Doch mit mir ist's aus! Ich bin abgefallen, verdammt in Ewigkeit, ich bin der ewige Jude. Oberlin sagte ihm, dafür sey Jesus gestorben, er möge sich brünstig an ihn wenden, und er würde Theil haben an seiner Gnade.

Lenz erhob das Haupt, rang die Hände, und sagte: Ach! ach! göttlicher Trost. Dann frug er plötzlich freundlich, was das Frauenzimmer mache. Oberlin sagte, er wisse von nichts, er wolle ihm aber in Allem helfen und rathen, er müsse ihm aber Ort, Umstände und Person angeben. Er antwortete nichts, wie gebrochne Worte: ach sie ist todt! Lebt sie noch? du Engel, sie liebte mich – ich liebte sie, sie war's würdig, o du Engel. Verfluchte Eifersucht, ich habe sie aufgeopfert – sie liebte noch einen andern – ich liebte sie, sie war's würdig – o gute Mutter, auch die liebte mich. Ich bin ein Mörder. Oberlin versetzte: vielleicht lebten alle diese Personen noch, vielleicht vergnügt; es möge seyn, wie es wolle, so könne und werde Gott, wenn er sich zu ihm bekehrt haben würde, diesen Personen auf sein Gebet und Thränen soviel Gutes erweisen, daß der Nutzen, den sie alsdann von ihm hätten, den Schaden, den er ihnen zugefügt, vielleicht weit überwiegen würde. Er wurde darauf nach und nach ruhiger und ging wieder an sein Malen.

Den Nachmittag kam er wieder, auf der linken Schulter hatte er ein Stück Pelz und in der Hand ein Bündel Gerten, die man Oberlin nebst einem Briefe für Lenz mitgegeben hatte. Er reichte Oberlin die Gerten mit dem Begehren, er sollte ihn damit schlagen. Oberlin nahm die Gerten aus seiner Hand, drückte ihm einige Küsse auf den Mund und sagte: dies wären die Streiche, die er ihm zu geben hätte, er möchte ruhig seyn, seine Sache mit Gott allein ausmachen, alle möglichen Schläge würden keine einzige seiner Sünden tilgen; dafür hätte Jesus gesorgt, zu dem möchte er sich wenden. Er ging.

Beim Nachtessen war er wie gewöhnlich etwas tiefsinnig. Doch sprach er von allerlei, aber mit ängstlicher Hast. Um Mitternacht wurde Oberlin durch ein Geräusch geweckt. Lenz rannte durch den Hof, rief mit hohler, harter Stimme den Namen Friederike, mit äußerster Schnelle, Verwirrung und Verzweiflung ausgesprochen, er stürzte sich dann in den Brunnentrog, patschte darin, wieder heraus und herauf in sein Zimmer, wieder herunter in den Trog, und so einigemal, endlich wurde er still. Die Mägde, die in der Kinderstube unter ihm schliefen, sagten, sie hätten oft, insonderheit aber in selbiger Nacht, ein Brummen ge-

hört, das sie mit nichts als mit dem Tone einer Haber-
pfeife zu vergleichen wußten. Vielleicht war es sein
Winseln, mit hohler, fürchterlicher, verzweifelnder
Stimme.

Am folgenden Morgen kam Lenz lange nicht. Endlich ging Oberlin hinauf in sein Zimmer, er lag im Bett
ruhig und unbeweglich. Oberlin mußte lange fragen,
ehe er Antwort bekam; endlich sagte er: Ja Herr Pfarrer, sehen Sie, die Langeweile! die Langeweile! o! so
langweilig, ich weiß gar nicht mehr, was ich sagen soll,
ich habe schon alle Figuren an die Wand gezeichnet.
Oberlin sagte ihm, er möge sich zu Gott wenden; da
lachte er und sagte: ja wenn ich so glücklich wäre, wie
Sie, einen so behaglichen Zeitvertreib aufzufinden, ja
man könnte sich die Zeit schon so ausfüllen. Alles aus
Müßiggang. Denn die Meisten beten aus Langeweile;
die Andern verlieben sich aus Langeweile, die Dritten
sind tugendhaft, die Vierten lasterhaft und ich gar
nichts, gar nichts, ich mag mich nicht einmal umbrin-
gen: es ist zu langweilig:

> O Gott in Deines Lichtes Welle,
> In Deines glüh'nden Mittags Helle
> Sind meine Augen wund gewacht,
> Wird es denn niemals wieder Nacht?

Oberlin blickte ihn unwillig an und wollte gehen. Lenz
huschte ihm nach und indem er ihn mit unheimlichen
Augen ansah: sehn Sie, jetzt kommt mir doch was ein,

wenn ich nur unterscheiden könnte, ob ich träume oder wache: sehn Sie, das ist sehr wichtig, wir wollen es untersuchen; er huschte dann wieder ins Bett. Den Nachmittag wollte Oberlin in der Nähe einen Besuch machen; seine Frau war schon fort; er war im Begriff, wegzugehen, als es an seine Thür klopfte und Lenz hereintrat mit vorwärtsgebogenem Leib, niederwärts hängendem Haupt, das Gesicht über und über und das Kleid hie und da mit Asche bestreut, mit der rechten Hand den linken Arm haltend. Er bat Oberlin, ihm den Arm zu ziehen, er hätte ihn verrenkt; er hätte sich zum Fenster heruntergestürzt, weil es aber Niemand gesehen, wollte er es auch Niemand sagen. Oberlin erschrak heftig, doch sagte er nichts, er that was Lenz begehrte, zugleich schrieb er an den Schulmeister in Bellefosse, er möge herunterkommen und gab ihm Instruktionen. Dann ritt er weg. Der Mann kam. Lenz hatte ihn schon oft gesehen und hatte sich an ihn attachirt. Er that als hätte er mit Oberlin etwas reden wollen, wollte dann wieder weg. Lenz bat ihn, zu bleiben und so blieben sie beisammen. Lenz schlug noch einen Spaziergang nach Fouday vor. Er besuchte das Grab des Kindes, das er hatte erwecken wollen, kniete zu verschiedenen Malen nieder, küßte die Erde des Grabes, schien betend, doch mit großer Verwirrung, riß Etwas von der auf dem Grab stehenden Blume ab, als ein Andenken, ging wieder zurück nach Waldbach, kehrte wieder um und Sebastian mit. Bald ging er langsam und klagte über große Schwäche in den Gliedern, dann ging er mit verzweifelnder Schnelligkeit, die Landschaft beängstigte ihn, sie war so eng, daß er an Alles zu stoßen fürchtete. Ein unbeschreibliches Gefühl des Mißbehagens befiel ihn, sein Begleiter ward ihm endlich lästig, auch mochte er seine Absicht errathen und suchte Mittel ihn zu entfernen. Sebastian schien ihm nachzugeben, fand aber heimlich Mittel, seinen Bruder von der Gefahr zu benachrichtigen, und nun hatte Lenz zwei Aufseher statt einen. Er zog sie weiter herum, endlich ging er nach Waldbach zurück und da sie nahe an dem Dorfe waren, kehrte er wie ein Blitz wieder um und sprang wie ein Hirsch gen Fouday zurück. Die Männer setzten ihm nach. Indem sie ihn in Fouday suchten, kamen zwei Krämer und erzählten ihnen, man hätte in einem Hause einen Fremden gebunden, der sich für einen Mörder ausgäbe, aber gewiß kein Mörder seyn könne. Sie liefen in dies Haus und fanden es so. Ein junger Mensch hatte ihn auf sein ungestümes Dringen in der Angst gebunden. Sie banden ihn los und brachten ihn glücklich nach Waldbach, wohin Oberlin indessen mit seiner Frau zurückgekommen war. Er sah verwirrt aus, da er aber merkte, daß er liebreich und freundlich empfangen wurde, bekam er wieder Muth, sein Gesicht veränderte sich vorteilhaft, er dankte seinen beiden Begleitern freundlich und zärtlich und der Abend ging ruhig herum. Oberlin bat ihn inständig, nicht mehr zu baden, die Nacht ruhig im Bette zu bleiben, und wenn er nicht schlafen könne, sich mit Gott zu unterhalten. Er versprachs und that es so die folgende Nacht, die Mägde hörten ihn fast die ganze Nacht hindurch beten. – Den folgenden Morgen kam er mit vergnügter Miene auf Oberlins Zimmer. Nachdem sie Verschiedenes gesprochen hatten, sagte er mit ausnehmender Freundlichkeit: Liebster Herr Pfarrer, das Frauenzimmer, wovon ich Ihnen sagte, ist gestorben, ja gestorben, der Engel. – Woher wissen Sie das? – Hieroglyphen, Hieroglyphen – und dann zum Himmel geschaut und wieder: ja gestorben – Hieroglyphen. Es war dann nichts weiter aus ihm zu bringen. Er setzte sich und schrieb einige Briefe, gab sie sodann Oberlin mit der Bitte, einige Zeilen dazu zu setzen. Siehe die Briefe.

Sein Zustand war indessen immer trostloser geworden, alles was er an Ruhe aus der Nähe Oberlins und aus der Stille des Thals geschöpft hatte, war weg; die Welt, die er hatte nutzen wollen, hatte einen ungeheuern Riß, er hatte keinen Haß, keine Liebe, keine Hoffnung, eine schreckliche Leere und doch eine folternde Unruhe, sie auszufüllen. Er hatte *Nichts*. Was er that, that er mit Bewußtsein und doch zwang ihn ein innerlicher Instinkt. Wenn er allein war, war es ihm so entsetzlich einsam, daß er beständig laut mit sich redete, rief, und dann erschrak er wieder und es war ihm, als hätte eine fremde Stimme mit ihm gesprochen. Im Gespräch stockte er oft, eine unbeschreibliche Angst befiel ihn, er hatte das Ende seines Satzes verloren; dann meinte er, er müsse das zuletzt gesprochene Wort behalten und immer sprechen, nur mit großer Anstrengung unterdrückte er diese Gelüste. Es bekümmerte die guten Leute tief, wenn er manchmal in ruhigen Augenblicken bei ihnen saß und unbefangen sprach und er dann stockte und eine unaussprechliche Angst sich in seinen Zügen malte, er die Personen, die ihm zunächst saßen krampfhaft am Arm faßte und erst nach und nach wieder zu sich kam. War er allein, oder las er, war's noch ärger, all' seine geistige Thätigkeit blieb manchmal in einem Gedanken hängen; dachte er an eine fremde Person, oder stellte er sie sich lebhaft vor, so war es ihm, als würde er sie selbst, er verwirrte sich ganz und dabei hatte er einen unendlichen Trieb, mit Allem um ihn im Geist willkürlich umzugehen; die Natur, Menschen, nur Oberlin ausgenommen, Alles traumartig, kalt; er amüsirte sich, die Häuser auf die Dächer zu stellen, die Menschen an- und auszukleiden, die wahnwitzigsten Possen auszusinnen. Manchmal fühlte er einen unwiderstehlichen Drang, das Ding auszuführen, und dann schnitt er entsetzliche Fratzen. Einst saß er neben Oberlin, die Katze lag gegenüber auf einem Stuhl, plötzlich wurden seine Augen starr, er hielt sie unverrückt auf das Thier gerichtet, dann glitt er langsam den Stuhl herunter, die Katze ebenfalls, sie war wie bezaubert von seinem Blick, sie gerieth in ungeheure Angst, sie sträubte sich scheu, Lenz mit den nämlichen Tönen, mit fürchterlich entstelltem Gesicht, wie in Verzweiflung stürzten Beide auf einander los, da endlich erhob sich Madame Oberlin, um sie zu trennen. Dann war er wieder tief beschämt. Die Zufälle des Nachts steigerten sich auf's Schrecklichste. Nur mit der größten Mühe schlief er ein, während er zuvor die noch schreckliche Leere zu füllen versucht hatte. Dann gerieth er zwischen Schlaf und Wachen in einen entsetzlichen Zustand; er stieß an etwas Grauenhaftes, Entsetzliches, der Wahnsinn packte ihn, er fuhr mit fürchterlichem Schreien, in Schweiß gebadet, auf, und erst nach und nach fand er sich wieder. Er mußte dann mit den einfachsten Dingen anfangen, um wieder zu sich zu kommen. Eigentlich nicht er selbst that es, sondern ein mächtiger Erhaltungstrieb, es war als sey er doppelt und der eine Theil suchte den andern zu retten, und rief sich selbst zu; er erzählte, er sagte in der heftigsten Angst Gedichte her, bis er wieder zu sich kam.

Auch bei Tage bekam er diese Zufälle, sie waren dann noch schrecklicher; denn sonst hatte ihn die Helle davor bewahrt. Es war ihm dann, als existire er allein, als bestünde die Welt nur in seiner Einbildung, als sey nichts, als er, er sey das ewig Verdammte, der Satan; allein mit seinen folternden Vorstellungen. Er jagte mit rasender Schnelligkeit sein Leben durch und dann sagte er: consequent, consequent; wenn Jemand was sprach: inconsequent, inconsequent; es war die Kluft unrettbaren Wahnsinns, eines Wahnsinns durch die

Ewigkeit. Der Trieb der geistigen Erhaltung jagte ihn auf; er stürzte sich in Oberlins Arme, er klammerte sich an ihn, als wolle er sich in ihn drängen, er war das einzige Wesen, das für ihn lebte und durch den ihm wieder das Leben offenbart wurde. Allmählig brachten ihn Oberlins Worte denn zu sich, er lag auf den Knieen vor Oberlin, seine Hände in den Händen Oberlins, sein mit kaltem Schweiß bedecktes Gesicht auf dessen Schooß, am ganzen Leibe bebend und zitternd. Oberlin empfand unendliches Mitleid, die Familie lag auf den Knieen und betete für den Unglücklichen, die Mägde flohen und hielten ihn für einen Besessenen. Und wenn er ruhiger wurde, war es wie der Jammer eines Kindes, er schluchzte, er empfand ein tiefes, tiefes Mitleid mit sich selbst; das waren auch seine seligsten Augenblicke. Oberlin sprach ihm von Gott. Lenz wand sich ruhig los und sah ihn mit einem Ausdruck unendlichen Leidens an, und sagte endlich: aber ich, wär' ich allmächtig, sehen Sie, wenn ich so wäre, ich könnte das Leiden nicht ertragen, ich würde retten, retten, ich will ja nichts als Ruhe, Ruhe, nur ein wenig Ruhe und schlafen können. Oberlin sagte, dies sey eine Profanation. Lenz schüttelte trostlos mit dem Kopfe. Die halben Versuche zum Entleiben, die er indeß fortwährend machte, waren nicht ganz Ernst, es war weniger der Wunsch des Todes, für ihn war ja keine Ruhe und Hoffnung im Tod; es war mehr in Augenblikken der fürchterlichsten Angst oder der dumpfen an's

Nichtseyn gränzenden Ruhe ein Versuch, sich zu sich selbst zu bringen durch physischen Schmerz. Augenblicke, wenn sein Geist sonst auf irgend einer wahnwitzigen Idee zu reiten schien, waren noch die glücklichsten. Es war doch ein wenig Ruhe und sein wirrer Blick war nicht so entsetzlich, als die nach Rettung dürstende Angst, die ewige Qual der Unruhe! Oft schlug er sich den Kopf an die Wand, oder versetzte sich sonst einen heftigen physischen Schmerz.

Den 8. Morgens blieb er im Bette, Oberlin ging hinauf; er lag fast nackt auf dem Bette und war heftig. Oberlin wollte ihn zudecken, er klagte aber sehr, wie schwer Alles sey, so schwer, er glaube gar nicht, daß er gehen könne, jetzt endlich empfände er die ungeheure Schwere der Luft. Oberlin sprach ihm Muth zu. Er blieb aber in seiner frühern Lage und blieb den größten Theil des Tages so, auch nahm er keine Nahrung zu sich. Gegen Abend wurde Oberlin zu einem Kranken nach Bellefosse gerufen. Es war gelindes Wetter und Mondschein. Auf dem Rückweg begegnete ihm Lenz. Er schien ganz vernünftig und sprach ruhig und freundlich mit Oberlin. Der bat ihn, nicht zu weit zu gehen, er versprachs; im Weggehen wandte er sich plötzlich um und trat wieder ganz nah zu Oberlin und sagte rasch: sehn Sie, Herr Pfarrer, wenn ich das nur nicht mehr hören müßte mir wäre geholfen. – »Was denn, mein Lieber?« – Hören Sie denn nichts, hören Sie denn nicht die entsetzliche Stimme, die um den ganzen Horizont schreit, und die man gewöhnlich die Stille heißt, seit ich in dem stillen Thal bin, hör' ich's immer, es läßt mich nicht schlafen, ja Herr Pfarrer, wenn ich wieder einmal schlafen könnte. Er ging dann kopfschüttelnd weiter. Oberlin ging zurück nach Waldbach und wollte ihm Jemand nachschicken, als er ihn die Stiege herauf in sein Zimmer gehen hörte. Einen Augenblick darauf platzte etwas im Hof mit so starkem Schall, daß es Oberlin unmöglich von dem Falle eines Menschen herkommen zu können schien. Die Kindsmagd kam todtblaß und ganz zitternd.

Er saß mit kalter Resignation im Wagen, wie sie das Thal hervor nach Westen fuhren. Es war ihm einerlei, wohin man ihn führte; mehrmals wo der Wagen bei dem schlechten Wege in Gefahr gerieth, blieb er ganz ruhig sitzen; er war vollkommen gleichgültig. In diesem Zustand legte er den Weg durch's Gebirg zurück. Gegen Abend waren sie im Rheinthale. Sie entfernten sich allmählig vom Gebirg, das nun wie eine tiefblaue Krystallwelle sich in das Abendroth hob, und auf deren warmer Fluth die rothen Strahlen des Abends spielten; über die Ebene hin am Fuße des Gebirges lag ein schimmerndes bläuliches Gespinnst. Es wurde finster, jemehr sie sich Straßburg näherten; hoher Vollmond, alle fernen Gegenstände dunkel, nur der Berg neben bildete eine scharfe Linie, die Erde war wie ein goldner Pokal, über den schäumend die Goldwellen des Monds liefen. Lenz starrte ruhig hinaus, keine Ahnung, kein Drang; nur wuchs eine dumpfe Angst in ihm, je mehr die Gegenstände sich in der Finsterniß verloren. Sie mußten einkehren; da machte er wieder mehre Versuche, Hand an sich zu legen, war aber zu scharf bewacht. Am folgenden Morgen bei trübem regnerischem Wetter traf er in Straßburg ein. Er schien ganz vernünftig, sprach mit den Leuten; er that Alles wie es die Andern thaten, es war aber eine entsetzliche Leere in ihm, er fühlte keine Angst mehr, kein Verlangen; sein Dasein war ihm eine nothwendige Last. -- So lebte er hin.

J. F. OBERLIN
DER DICHTER LENZ,
IM STEINTHALE

Dieser rührende, schlicht und herzlich geschriebene Aufsatz, ist aus Pfarrer Oberlin's Papieren gezogen, ein merkwürdiger Beitrag zur Lebensgeschichte eines unglücklichen, talentvollen Dichters. S. Vie de J. F. Oberlin, par *D. E. Stœber*, p. 215. *Der Dichter Lenz*, Mittheilungen von *Aug. Stöber*, Morgenblatt 1831, Nro. 250 u. ff., wo sich auch die von *Lenz an Salzmann* gerichteten Briefe befinden. Mein seliger Freund, der am 19. Februar 1837 zu Zürich gestorben, *G. Büchner*, hat auf den Grund dieses Aufsatzes eine Novelle geschrieben, die aber leider nur Fragment geblieben ist und in der Ausgabe seiner Schriften, die D. Gutzkow besorgt, erscheinen soll. *S. Conversationslexicon der Gegenwart. Art. Büchner.*

Der Einsend.

Den 20. Januar 1778 kam er hieher. Ich kannte ihn nicht. Im ersten Blick sah ich ihn, den Haaren und hängenden Locken nach, für einen Schreinergesell an; seine freimüthige Manier aber zeigte bald daß mich die Haare betrogen hatten. – »Seyen Sie willkommen, ob Sie mir schon unbekannt.« – »Ich bin ein Freund K...'s und bringe ein Compliment von ihm.« – »Der Name, wenn's beliebt?« – »*Lenz.*« – »Ha, ha, ist er nicht gedruckt?« (Ich erinnerte mich einige Dramen gelesen zu haben, die einem Herrn dieses Namens zugeschrieben wurden.) Er antwortete: »Ja; aber belieben Sie mich nicht darnach zu beurtheilen.«

Wir waren vergnügt unter einander; er zeichnete uns verschiedene Kleidungen der Russen und Liefländer vor; wir sprachen von ihrer Lebensart, u.s.w. Wir logirten ihn in das Besuchzimmer im Schulhause.

Die darauf folgende Nacht hörte ich eine Weile im Schlaf laut reden, ohne daß ich mich ermuntern konnte. Endlich fuhr ich plötzlich zusammen, horchte, sprang auf, hochte wieder. Da hörte ich mit Schulmeisters Stimme laut sagen: *Allez donc au lit – qu'est-ce que c'est que ça – hé! – dans l'eau par un temps si froid! – Allez, allez au lit!*

51

Eine Menge Gedanken durchdrangen sich in meinem Kopf. Vielleicht, dachte ich, ist er ein Nachtwandler und hatte das Unglück in die Brunnbütte zu stürzen; man muß ihm also Feuer, Thee, machen, um ihn zu erwärmen und zu trocknen. Ich warf meine Kleider um mich und hinunter an das Schulhaus. Schulmeister und seine Frau, noch vor Schrecken blaß, sagten mir: Herr Lenz hätte die ganze Nacht nicht geschlafen, wäre hin und her gegangen, auf's Feld hinter dem Hause, wieder herein, endlich hinunter an den Brunnentrog, streckte die Hände ins Wasser, stieg auf den Trog, stürzte sich hinein und plattscherte drinn wie eine Ente; sie, Schulmeister und seine Frau, hatten gefürchtet er wolle sich ertränken, riefen ihm zu – er wieder aus dem Wasser, sagte, er wäre gewohnt sich im kalten Wasser zu baden, und gieng wieder auf sein Zimmer. – Gottlob, sagte ich, daß es weiter nichts ist; Herr K... liebt das kalte Bad auch, und Herr L... ist ein Freund von Hn. K...

Das war für uns Alle der erste Schreck; ich eilte zurück um meine Frau auch zu beruhigen.

Von dem an verrichtete er, auf mein Bitten, sein Baden mit mehrerer Stille.

Den 21. ritt er mit mir nach Belmont, wo wir die allgemeine Großmutter, die 176 Abstämmlinge erlebet, begruben.

Daheim communicirte er mir mit einer edeln Freimüthigkeit, was ihm an meinem Vortrag, u.s.w. mißfallen; wir waren vergnügt bei einander, es war mir wohl bei ihm; er zeigte sich in allem als ein liebenswürdiger Jüngling.

Hr. K... hatte mir sagen lassen: er würde, seiner Braut das Steinthal zu zeigen, zu uns kommen und einen Theologen mitbringen, der gerne hier predigen möchte.

Ich bin nun bald eilf Jahre hier; anfangs waren meine Predigten vortrefflich, nach dem Geschmacke der Steinthäler. Seitdem ich aber dieser guten Leute Fehler kenne und ihre äußerste Unwissenheit in Allem, und besonders in der Sprache selbst, in der man ihnen predigt, und ich mich daher so tief mir immer möglich herunter lassen und dem mir nun bekannten Bedürfniß meiner Zuhörer gemäß zu predigen mich bemühe, seit dem hat man beständig daran auszusetzen. Bald heißt es: ich wäre zu scharf; bald: so könne es Jeder; bald: meine Mägde hätten mir meine Predigt gemacht, u.s.w. Ueberdies macht mir das Predigen oft mehr Mühe als alle andre Theile meines Amtes zusammen genommen. Ich bin daher herzlich froh wann bisweilen jemand anders für mich predigen will.

Hr. L..., nachdem er die Schulen der *Conductrices* und Anderes in Augenschein genommen, und er mir seine Gedanken freimüthig über Alles mitgetheilt, äußerte mir seinen Wunsch für mich zu predigen. Ich fragte ihn ob er der Theolog wäre, von dem mir Hr. K... hätte sagen lassen? »Ja«, sagte er, und ich ließ mirs, um obiger Ursachen willen, gefallen; es geschah den darauf folgenden Sonntag, den 25sten. Ich gieng vor den Altar, sprach die Absolution, und Hr. L... hielt auf der Kanzel eine schöne Predigt, nur mit etwas zu vieler Erschrockenheit. Hr. K... war mit seiner Braut auch in der Kirche. Sobald er konnte bat er mich, mit ihm besonders zu gehn, und fragte mich mit bedeutender Miene, wie sich Hr. L. seitdem betragen und was wir mit einander gesprochen hätten. Ich sagte ihm was ich noch davon wußte; H. K. sagte: es wäre gut. Bald darauf war er auch mit Hrn. L. allein. Es kam mir dies alles etwas bedenklich vor, wollte da nicht fragen, wo ich sah daß man geheimnißvoll wäre, nahm mir aber vor meinen Unterricht weiter zu suchen.

Hr. K. lud mich freundschaftlich ein, mit ihm zu seiner Hochzeit in die Schweiz zu gehn. So gern ich längst die Schweiz gesehen, einen Lavater, einen Pfenninger und andre Männer gekannt und gesprochen hätte, so sehr meinem Leibe und Gemüthe (ich hatte einige harte Monate gehabt), eine Aufmunterung und Stärkung durch eine Reise wünschbar war, so unübersteigliche Hindernisse fand ich auf allzuvielen Seiten. Hr. K. räumte einen großen Theil durch Mittheilung seines Reiseplanes aus dem Wege: ich überlegte den Rest und fand Möglichkeit

Am Montag, den 26., nachdem ich meine letzten damaligen Patienten begraben hatte, gieng ich den nächsten Weg über Rhein. Herr L. sollte die Kanzel und mein Hr. Amtsbruder die eigentlichen *Actus pastorales*, die den damaligen Umständen nach, sparsam oder gar nicht vorkommen sollten, versehen.

Ich kam nicht weiter als bis nach Köndringen und Emmendingen, wo ich Hrn. Sander und am zweiten Ort Hrn. Schlosser zum ersten Mal sah und besprach; sodann über Breisach nach Colmar, wo ich Hrn. Pfeffel und Lerse kennen lernte; und zurück ins Steinthal.

Ich hatte nun hinlänglichen Unterricht in Ansehung Hrn. L. bekommen, und übrigens so viel Satisfaction von meiner Reise, daß, so rar bei einem Steinthäler Pfarrer das Geld ist, ich sie nicht um hundert Thaler gebe.

Ueber meine unvermuthete Rückkunft war Hr. L. betroffen und etwas bestürzt, meine Frau aber entzückt, und bald darauf, nach einiger Unterredung, auch Hr. L.

Ich hörte daß in meiner Abwesenheit Vieles, auf Hrn. L...'s Umstände Passendes und für ihn Nützliches, gesprochen worden, ohngeachtet meine Frau die Umstände selbst, die ich erst auf meiner Reise erfuhr, nicht wußte.

Ich erfuhr ferner, daß Hr. L., nach vorhergegangenen eintägigen Fasten, Bestreichung des Gesichtes mit Asche, Begehrung eines alten Sackes, den 3. Hornung ein zu Fouday so eben verstorbenes Kind, das Friederike hieß, aufwecken wollte, welches ihm aber fehlgeschlagen.

Er hatte eine Wunde am Fuß hieher gebracht, die ihn hinken machte und ihn nöthigte hier zu bleiben. Meine Frau verband sie ihm täglich und man konnte baldige Heilung hoffen. Durch das unruhige Hinundherlaufen aber, da er das Kind erwecken wollte, verschlimmerte sich die Wunde so sehr, daß man die Entzündung mit erweichenden Aufschlägen wahren mußte. Auf unsre und Hrn. K...'s häufige Vorstellungen, hatte er sein Baden eingestellt, um die Heilung der Wunde zu befördern. In der Nacht aber, zwischen dem 4. und 5. Hornung, sprang er wieder in den Brunnentrog, mit heftiger Bewegung, um, wie er nachher gestand, die Wunde aufs Neue zu verschlimmern.

Seit Hrn. K...'s Besuch logirte Hr. L. nicht mehr im Schulhaus, sondern bei uns in dem Zimmer über der Kindsstube. Den Tag hindurch war er auf meiner Stube, wo er sich mit Zeichnen und Malen der Schweizergegenden, mit Durchblättern und Lesen der Bibel, mit Predigtschreiben, und Unterredung mit meiner Frau beschäftigte.

Den 5. Hornung kam ich von meiner Reise zurück; er war, wie ich oben gesagt, anfangs darüber bestürzt, und bedauerte sehr daß ich nicht in der Schweiz gewesen. Ich erzählte ihm daß Hr. Hofrath Pfeffel die Landgeistlichen so glücklich schätzt, und ihren Stand beneidenswerth hält, weil er so unmittelbar zur Beglückung des Nächsten aufweckt. Es machte Eindruck auf ihn. Ich bediente mich dieses Augenblicks ihn zu ermahnen sich dem Wunsche seines Vaters zu unterwerfen, sich mit ihm auszusöhnen, u.s.w.

Da ich bei manchen Gelegenheiten wahrgenommen daß sein Herz von fürchterlicher Unruhe gemartert wurde, sagte ich ihm, er würde sodann wieder zur Ruhe kommen, und schwerlich eher, denn Gott wußte seinem Worte: »Ehre Vater und Mutter«, Nachdruck zu geben, u.s.w.

Alles was ich sagte waren nur meistens Antworten auf abgebrochene, oft schwer zu verstehende Worte, die er in großer Beklemmung seines Herzens ausstieß. Ich merkte, daß er bei Erinnerung gethaner, mir unbekannter Sünde, schauderte, an der Möglichkeit der Vergebung verzweifelte; ich antwortete ihm darauf; er hob seinen niederhängenden Kopf auf, blickte gen Himmel, rang die Hände, und sagte: »Ach! ach! göttlicher Trost – ach – göttlich – o – ich bete – ich bete an!« Er sagte mir sodann ohne Verwirrung, daß er nun Gottes Regierung erkenne und preise, die mich so bald, ihn zu trösten, wieder heimgeführt.

Ich gieng im Zimmer hin und her, packte aus, legte in Ordnung, stellte mich zu ihm hin. Er sagte mit freundlicher Miene: »Bester Herr Pfarrer, können Sie mir doch nicht sagen was das Frauenzimmer macht, dessen Schicksal mir so zentnerschwer auf dem Herzen liegt?« Ich sagte ihm, ich wüßte von der ganzen Sache nichts, ich wolle ihm in Allem, was ihn wahrhaft beruhigen könne, aus allen Kräften dienen, er müßte mir aber Ort und Personen nennen. Er antwortete nicht, stand in der erbärmlichsten Stellung, redete gebrochene Worte: »Ach! ist sie todt? Lebt sie noch? – Der Engel, sie liebte mich – ich liebte sie, sie war's würdig – o, der Engel! – Verfluchte Eifersucht! ich habe sie aufgeopfert – sie liebte noch einen Andern – aber sie liebte mich – ja herzlich – aufgeopfert – die Ehe hatte ich ihr versprochen, hernach verlassen – o, verfluchte Eifersucht! – – O, gute Mutter! – auch die liebte mich – ich bin euer Mörder!«

Ich antwortete wie ich konnte; sagte ihm unter anderm, vielleicht lebten diese Personen alle noch, und vielleicht vergnügt; es mag seyn wie es wolle, so könnte und würde Gott, wenn er sich zu ihm bekehrt haben würde, diesen Personen auf sein Gebet und Thränen, so viel Gutes erweisen, daß der Nutzen, den sie sodann von ihm hätten, den Schaden so er ihnen zugefügt, leicht und vielleicht weit überwiegen würde. – Er wurde jedoch nach und nach ruhiger, und gieng an sein Malen.

Hr. C. hatte mir zu Emmendingen einige in Papier gepakte Gerten, nebst einem Brief für ihn mitgegeben. Eines Males kam er zu mir; auf der linken Schulter hatte er ein Stück Pelz, so ich, wenn ich mich der Kälte lange aussetzen muß, auf den Leib zu legen gewohnt bin. In der Hand hielt er die noch eingepackten Gerten; er gab sie mir, mit Begehren, ich solle ihn damit herumschlagen. Ich nahm die Gerten aus seiner Hand, drückte ihm einige Küsse auf den Mund und sagte: Dies wären die Streiche, die ich ihm zu geben hätte, er möchte ruhig seyn, seine Sachen mit Gott allein ausmachen; alle möglichen Schläge würden keine einzige seiner Sünden tilgen, dafür hätte Jesus gesorgt, zu dem möchte er sich wenden. Er gieng.

Beim Nachtessen war er etwas tiefsinnig. Doch sprachen wir von allerlei. Wir giengen endlich vergnügt von einander und zu Bette. – Um Mitternacht erwachte ich plötzlich; er rannte durch den Hof, rief mit harter etwas hohler Stimme einige Sylben, die ich nicht verstand; seitdem ich aber weiß daß seine Geliebte *Friedericke**　hieß, kommt es mir vor als ob es dieser Name gewesen wäre, mit äußerster Schnelle, Verwirrung und Verzweiflung ausgesprochen. Er stürzte sich, wie gewöhnlich, in den Brunnentrog, pattschte drinn, wieder heraus und hinauf in sein Zimmer, wieder hinunter in den Trog, und so einige Mal – endlich wurde er still. Meine Mägde, die in dem Kindsstübchen unter ihm schliefen, sagten, sie hätten oft, insonderheit aber in selbiger Nacht, ein Brummen gehört, daß sie mit nichts als mit dem Ton einer Habergeise zu vergleichen wüßten. Vielleicht war es sein Winseln mit hohler, fürchterlicher, verzweifelnder Stimme.

Freitag den 6., den Tag nach meiner Zurückkunft, hatte ich beschlossen nach Rothau, zu Hrn. Pfr.

* Daß diese Friedericke die Pfarrerstochter aus Sesenheim war, geht aus dem Briefe von Lenz an Salzmann hervor.

Schweighäuser zu reiten. Meine Frau gieng mit. Sie war schon fort, und ich im Begriff auch abzureisen. Aber welch ein Augenblick! Man klopft an meiner Thüre, und Hr. L. tritt herein mit vorwärts gebogenem Leibe, niederwärts hangendem Haupt, das Gesicht über und über und das Kleid hier und da mit Asche verschmiert, mit der rechten Hand an dem linken Arm haltend. Er bat mich ihm den Arm zu ziehen, er hätte ihn verrenket, er hätte sich zum Fenster herunter gestürzt; weil es aber Niemand gesehn, möcht' ich's auch Niemand sagen.

Ich that was er wollte und schrieb eilends an Sebastian Scheidecker, Schullehrer von Bellefosse, er solle herunter kommen, Hrn. L. hüten. Ich eilte fort. Sebastian kam und richtete seine Commission unvergleichlich aus, stellte sich als ob er mit uns hätte reden wollen, sagte ihm daß, wenn er wüßte daß er ihm nicht überlästig oder von etwas abhielte, wünschte er sehr einige Stunden in seiner Gesellschaft zu seyn. Hr. L. nahm es mit besonderem Vergnügen an, und schlug einen Spaziergang nach Fouday vor, – gut. Er besuchte das Grab des Kindes das er hatte erwecken wollen, kniete zu verschiedenen Malen nieder, küßte die Erde des Grabes, schien betend, doch mit großer Verwirrung, riß etwas von der auf dem Grab stehenden Krone ab, als ein Andenken, gieng wieder zurück gen Waldersbach, kehrte wieder um, und Sebastian immer mit. Endlich mochte Hr. L. die Absicht seines Begleiters errathen; er suchte Mittel ihn zu entfernen. Sebastian schien ihm nachzugeben, fand aber heimlich Mittel seinen Bruder Martin von der Gefahr zu benachrichtigen, und nun hatte Hr. L. zween Aufseher statt einen. Er zog sie wacker herum, endlich gieng er nach Waldersbach zurück; und da sie nahe am Dorf waren, kehrte er wie ein Blitz um, und sprang, ungeachtet seiner Wunde am Fuß, wie ein Hirsch gen Fouday zurück. Sebastian kam zu uns um uns das Vorgegangene zu berichten, und sein Bruder setzte dem Kranken nach. Indem er ihn zu Fouday suchte, kamen zwei Krämer und erzählten ihm man hätte in einem Hause einen Fremden gebunden, der sich für einen Mörder ausgäbe, und der Justiz ausgeliefert seyn wollte, der aber gewiß kein Mörder seyn könnte. Martin lief in das Haus und fand es so; ein junger Mensch hatte ihn, auf sein ungestümes Anhalten, in der Angst gebunden. Martin band ihn los und brachte ihn glücklich nach Waldersbach. Er sah verwirrt aus; da er aber sah daß ich ihn wie immer freundschaftlich und liebreich empfieng und behandelte, bekam er wieder Muth, sein Gesicht veränderte sich vortheilhaftig, er dankte seinen beiden Begleitern freundlich und zärtlich und wir brachten den Abend vergnügt zu.

Ich bat ihn inständig nicht mehr zu baden, die Nacht ruhig im Bette zu bleiben, und wann er nicht schlafen könnte, sich mit Gott zu unterhalten, u.s.w. Er versprach's, und wirklich that er's die folgende Nacht;

unsre Mägde hörten ihn fast die ganze Nacht hindurch beten.

Den folgenden Morgen, Samstag den 7., kam er mit vergnügter Miene auf mein Zimmer. Ich hoffte wir würden bald am Ende unsrer gegenseitigen Qual seyn; aber leider der Erfolg zeigte was anders.

Nachdem wir Verschiedenes gesprochen hatten, sagte er mir mit ausnehmender Freundlichkeit: »Liebster Herr Pfarrer, das Frauenzimmer von dem ich ihnen sagte, ist gestorben, ja gestorben – o, der Engel!« – Woher wissen Sie das? – »Hieroglyphen – Hieroglyphen!« – und dann gen Himmel geschaut und wieder: »Ja – gestorben – Hieroglyphen!« – Er schrieb einige Briefe, gab mir sie sodann zu, mit Bitte, ich möchte noch selbst einige Zeilen darunter setzen.

Ich hatte mit einer Predigt zu thun und steckte die Briefe indessen in meine Tasche. In dem einen an eine adelige Dame in W., schien er sich mit Abadonna zu vergleichen; er redete von Abschied. – Der Brief war mir unverständlich, auch hatte ich nur einen Augenblick Zeit ihn zu übersehen, eh ich ihn von mir gab. In dem andern an die Mutter seiner Geliebten, sagt er, er könne ihr diesmal nicht mehr sagen, als daß ihre Friederike nun ein Engel sey und sie würde Satisfaction bekommen.

Der Tag gieng vergnügt und gut hin. Gegen Abend wurde ich nach Bellefosse zu einem Patienten geholt. Da ich zurück kam, kam mir Hr. L… entgegen. Es war gelind Wetter und Mondschein. Ich bat ihn nicht weit zu gehn und seines Fußes zu schonen. Er versprach's.

Ich war nun auf meinem Zimmer und wollte ihm jemand nachschicken, als ich ihn die Stieg herauf in sein Zimmer gehn hörte. Einen Augenblick nachher platzte etwas im Hof mit so starkem Schall, daß es mir unmöglich von dem Fall eines Menschen herkommen zu können schien. Die Kindsmagd kam todtblaß und am ganzen Leib zitternd zu meiner Frau: Hr. L. hätte sich zum Fenster hinaus gestürzt. Meine Frau rief mir mit verwirrter Stimme – ich sprang heraus, und da war Hr. L. schon wieder in seinem Zimmer.

Ich hatte nur einen Augenblick Gelegenheit einer Magd zu sagen: »*Vite, chez l'homme juré, qu'il me donne deux hommes*«, und hierauf zu Hrn. Lenz.

Ich führte ihn mit freundlichen Worten auf mein Zimmer; er zitterte vor Frost am ganzen Leibe. Am Oberleib hatte er nichts an als das Hemd welches zerrissen und sammt der Unterkleidung über und über kothig war. Wir wärmten ihm ein Hemd und Schlafrock und trockneten die seinigen. Wir fanden, daß er in der kurzen Zeit die er ausgegangen war, wieder mußte versucht haben, sich zu ertränken, aber Gott hatte auch da wieder gesorgt. Seine ganze Kleidung war durch und durch naß.

Nun, dachte ich, hast du mich genug betrogen, nun mußt du betrogen, nun ist's aus, nun mußt du bewacht seyn. Ich wartete mit großer Ungeduld auf die zwei begehrten Mann. Ich schrieb indessen an meiner Predigt fort und hatte Hrn. L... am Ofen, einen Schritt weit von mir sitzen. Keinen Augenblick traute ich von ihm, ich mußte harren. Meine Frau, die um mich besorgt war, blieb auch. Ich hätte so gerne wieder nach den begehrten Männern geschickt, konnte aber durchaus nicht mit meiner Frau oder sonst jemand davon reden; laut, hätte ers verstanden; heimlich, das wollten wir nicht, weil die geringste Gelegenheit zu Argwohn auf solche Personen allzu heftig Eindruck macht. Um halb neun giengen wir zum Essen; es wurde, wie natürlich, wenig geredet; meine Frau zitterte vor Schrecken und Hrn. L... vor Frost und Verwirrung.

Nach kaum viertelstündigem Beisammensitzen fragte er mich ob er nicht hinauf in mein Zimmer dürfte? – Was wollen sie machen, mein Lieber? – etwas lesen – gehn Sie in Gottes Namen; – er gieng, und ich, mich stellend als ob ich genug gegessen, folgte ihm.

Wir saßen; ich schrieb, er durchblätterte meine französische Bibel mit furchtbarer Schnelle, und ward endlich stille. Ich gieng einen Augenblick in die Stubkammer ohne im allergeringsten mich aufzuhalten, nur etwas zu nehmen das in dem Pult lag. Meine Frau stand inwendig in der Kammer an der Thür und beobachtete Hrn. L.; ich faßte den Schritt wieder heraus zu gehen, da schrie meine Frau mit gräßlicher, hohler, gebrochener Stimme: »Herr Jesus, er will sich erstechen!« In meinem Leben hab ich keinen solchen Ausdruck eines tödtlichen, verzweifelten Schreckens gesehn als in dem Augenblick, in den verwilderten, gräßlich verzogenen Gesichtszügen meiner Frau.

Ich war haußen. – Was wollen Sie doch immer machen, mein Lieber? – Er legte die Scheere hin. – Er hatte mit scheußlich starren Blicken umher geschaut, und da er Niemand in der Verwirrung erblickte, die Scheere still an sich gezogen, mit fest zusammen gezogener Faust sie gegen das Herz gesetzt, alles dieß so schnell daß nur Gott den Stoß so lange aufhalten konnte, bis das Geschrei meiner Frau ihn erschreckte und etwas zu sich selber brachte. Nach einigen Augenblicken nahm ich die Scheere, gleichsam als in Gedanken und wie ohne Absicht auf ihn, hinweg; dann, da er mich feierlich versichern wollte daß er sich nicht damit umzubringen gedacht hätte, wollte ich nicht thun als wenn ich ihm gar nicht glaubte.

Weil alle vorigen Vorstellungen wider seine Entleibungssucht nichts bei ihm gefruchtet hatten, versuchte ich's auf eine andre Art. Ich sagte ihm: Sie waren bei uns durchaus ganz fremd, wir kannten sie ganz und gar nicht; ihren Namen haben wir ein einzigmal aussprechen hören, ehe wir sie gekannt; wir nahmen sie mit Liebe auf, meine Frau pflegte Ihren kranken Fuß mit so großer Geduld und sie erzeigen uns so viel Böses, stürzen uns aus einem Schrecken in den andern. – Er war gerührt, sprang auf, wollte meine Frau um Verzeihung bitten; sie aber fürchtete sich nun noch so viel vor ihm, sprang zur Thüre hinaus; er wollte nach, sie aber hielt die Thüre zu. – Nun jammerte er, er hätte meine Frau umgebracht, das Kind umgebracht so sie trage; Alles, Alles bring' er um, wo er hin käme. – Nein, mein Freund, meine Frau lebt noch und Gott kann die schädlichen Folgen des Schreckens wohl hemmen, auch würde ihr Kind nicht davon sterben noch Schaden leiden. – Er wurde wieder ruhiger. Es schlug bald zehn Uhr. Indessen hatte meine Frau in die Nachbarschaft um schleunige Hilfe geschickt. Man war in den Betten; doch kam der Schulmeister, that als ob er mich etwas zu fragen hätte, erzählte mir etwas aus dem Kalender, und Hr. L., der indessen wieder munter wurde, nahm auch Theil am Discurs, wie wenn duchaus nichts vorgefallen wäre.

Endlich winkte man mir, daß die zwei begehrten Männer angekommen – o wie war ich so froh! Es war Zeit, eben begehrte Hr. L. zu Bette zu gehn. Ich sagte ihm: »Lieber Freund, wir lieben Sie, Sie sind davon überzeugt, und Sie lieben uns, das wissen wir eben so gewiß. Durch Ihre Entleibung würden Sie Ihren Zustand verschlimmern, nicht verbessern; es muß uns also an Ihrer Erhaltung gelegen seyn. Nun aber sind Sie, wenn Sie die Melancholie überfällt, Ihrer nicht Meister; ich habe daher zwei Männer gebeten in Ihrem Zimmer zu schlafen (wachen dachte ich), damit Sie Gesellschaft, und wo es nöthig, Hilfe hätten. Er ließ sich's gefallen.

Man wundere sich nicht, daß ich so sagte, und mit

ihm umgieng; er zeigte immer großen Verstand und ein ausnehmend theilnehmendes Herz; wenn die Anfälle der Schwermuth vorüber waren, schien alles so sicher und er selbst war so liebenswürdig, daß man sich fast ein Gewissen daraus machte ihn zu argwohnen oder zu geniren. Man setze noch das zärtlichste Mitleiden hinzu, das seine unermeßliche Qual, deren Zeuge wir nun so oft gewesen, uns einflößen mußte. Denn fürchterlich und höllisch war es was er ausstund, und es durchbohrte und zerschnitt mir das Herz, wenn ich an seiner Seite die Folge der Prinzipien die so manche heutige Modebücher einflößen, die Folgen seines Ungehorsams gegen seinen Vater, seiner herumschweifenden Lebensart, seiner unzweckmäßigen Beschäftigungen, seines häufigen Umgangs mit Frauenzimmern, durchempfinden mußte. Es war mir schrecklich und ich empfand eigene, nie empfundene Marter, wenn er, auf den Knieen liegend, seine Hand in meiner, seinen Kopf auf meinem Kniee gestützt, sein blasses, mit kaltem Schweiß bedecktes Gesicht in meinem Schlafrock verhüllt, am ganzen Leibe bebend und zitternd, wenn er so, nicht beichtete, aber die Ausflüsse seines gemarterten Gewissens und unbefriedigten Sehnsucht nicht zurück halten konnte. – Er war mir um so bedauerungswürdiger, je schwerer ihm zu seiner Beruhigung beizukommen war, da unsere gegenseitigen Prinzipien einander gewaltig zuwider, wenigstens von einander verschieden schienen.

Nun wieder zur Sache: Ich sagte, er ließ sich's gefallen zwei Männer auf seinem Zimmer zu haben. Ich begleitete ihn hinein. Der eine seiner Wächter durchschaute ihn mit starren, erschrockenen Augen. Um diesen etwas zu beruhigen sagte ich dem Hr. L. nun vor den zwei Wächtern auf französisch was ich ihm vorhin schon auf meinem Zimmer gesagt hatte, nämlich daß ich ihn liebte, so wie er mich; daß ich seine Erhaltung wünschte und wünschen müßte, da er selbst sähe daß ihm die Anfälle seiner Melancholie fast keine Macht mehr über ihn ließen; ich hätte daher diese zwei Bürger gebeten bei ihm zu schlafen, damit er Gesellschaft, und, im Fall der Noth, Hilfe hätte. Ich beschloß dieß mit einigen Küssen die ich dem unglücklichen Jüngling von ganzem Herzen auf den Mund drückte, und gieng mit zerschlagenen, zitternden Gliedern zur Ruhe.

Da er im Bett war sagte er unter andern zu seinen Wächtern: »*Ecoutez, nous ne voulons point faire de bruit, si vous avez un couteau, donnez-le moi tranquillement et sans rien craindre.*« Nachdem er oft deswegen in sie gesetzt und nichts zu erhalten war, so fieng er an sich den Kopf an die Wand zu stoßen. Während dem Schlaf hörten wir ein öfteres Poltern das uns bald zu-, bald abzunehmen schien, und wovon wir endlich erwachten. Wir glaubten es wäre auf der Bühne, konnten aber keine Ursache davon errathen. – Es schlug drei, und das Poltern währte fort; wir schellten um ein Licht zu bekommen; unsre Leute waren alle in fürchterlichen Träumen versenkt und hatten Mühe sich zu ermuntern. Endlich erfuhren wir daß das Poltern von Hrn. L. käme und zum Theil von den Wächtern, die, weil sie ihn nicht aus den Händen lassen durften, durch Stampfen auf den Boden Hilfe begehrten. Ich eilte in sein Zimmer. So bald er mich sah, hörte er auf sich den Wächtern aus den Händen ringen zu wollen. Die Wächter ließen dann auch nach ihn festzuhalten. Ich winkte ihnen ihn frei zu lassen, saß auf sein Bette, redete mit ihm, und auf sein Begehren für ihn zu beten, betete ich mit ihm. Er bewegte sich ein wenig, und einsmals schmiß er seinen Kopf mit großer Gewalt an die Wand, die Wächter sprangen zu und hielten ihn wieder.

Ich gieng und ließ einen dritten Wächter rufen. Da Hr. L. den dritten sah, spottete er ihrer, sie würden alle drei nicht stark genug für ihn seyn.

Ich befahl in's geheime mein Wäglein einzurichten, zu decken, noch zwei Pferde zu suchen zu dem Meinigen, beschickte Seb. Scheidecker, Schullehrer von Bellefosse und Johann David Bohy, Schullehrer von Solb, zween verständige, entschlossene Männer und beide von Hrn. L. geliebt. Johann Georg Claude, Kirchenpfleger von Waldersbach, kam auch; es wurde lebendig im Haus, ob es schon noch nicht Tag war. Hr. L. merkte was, und so sehr er bald List, bald Gewalt angewendet hatte los zu kommen, den Kopf zu zerschmettern, ein Messer zu bekommen, so ruhig schien er auf ein Mal.

Nachdem ich alles bestellt hatte, gieng ich zu Hrn. L., sagte ihm, damit er bessere Verpflegung nach seinen Umständen haben könnte, hatte ich einige Männer gebeten ihn nach Straßburg zu begleiten und mein Wäglein stünde ihm dabei zu Diensten.

Er lag ruhig, hatte nur einen einzigen Wächter bei sich sitzen. Auf meinen Vortrag jammerte er, bat mich nur noch acht Tage mit ihm Geduld zu haben (man mußte weinen wenn man ihn sah). – Doch sprach er, er wolle es überlegen. Eine Viertelstunde darauf ließ er mir sagen: Ja, er wolle verreisen, stund auf, kleidete sich an, war ganz vernünftig, packte zusammen, dankte jedem in's besondere auf das Zärtlichste, auch seinen Wächtern, suchte meine Frau und Mägde auf, die sich vor ihm versteckt und stille hielten, weil kurz vorher noch, sobald er nur eine Weiberstimme hörte, oder zu hören glaubte, er in größere Wuth gerieth. Nun fragte er nach allen, dankte allen, bat alle um Vergebung, kurz nahm von jedem so rührenden Abschied, daß aller Augen in Thränen gebadet stunden.

Und so reiste dieser bedauerungswürdige Jüngling von uns ab, mit drei Begleitern und zwei Fuhrleuten. Auf der Reise wandte er nirgends keine Gewalt an, da er sich übermannt sahe; aber wohl List, besonders zu Ensisheim, wo sie über Nacht blieben. Aber die beiden Schulmeister erwiederten seine listige Höflichkeit mit der Ihrigen, und alles gieng vortrefflich wohl aus.

So oft wir reden wird von uns geurtheilt, will geschweigen, wenn wir handeln. Hier schon fällt man verschiedene Urtheile von uns; die Einen sagten: wir hätten ihn gar nicht aufnehmen sollen, – die Andern: wir hätten ihn nicht so lange behalten, – und die Dritten: wir hätten ihn noch nicht fortschicken sollen.

So wird es, denke ich, zu Straßburg auch seyn. Jeder urtheilt nach seinem besondern Temperament (und anders kann er nicht) und nach der Vorstellung, die er sich von der ganzen Sache macht, die aber unmöglich getreu und richtig seyn kann, wenigstens mußten unendlich viele Kettengleiche darin fehlen, ohne die man kein richtig Urtheil fällen kann, die aber ausser uns nur Gott bekannt seyn und werden können; weil es unmöglich wäre sie getreu zu beschreiben, und doch oft in einem Ton, in einem Blick, der nicht beschrieben werden kann, etwas steckt, das mehr bedeutet als vorhergegangene erzählbare Handlungen.

Alles was ich auf die nun, auch die zu erwartenden, einander zuwiderlaufenden, sich selbst bestreitenden Urtheile, antworten werde, ist: Alles was wir hierin gethan, haben wir vor Gott gethan, und so wie wir jedesmal allen Umständen nach glaubten, daß es das Beste wäre.

Ich empfehle den bedauerungswürdigen Patienten der Fürbitte meiner Gemeinen und empfehle ihn der nämlichen Absicht jedem der dieß liest.

ANHANG

Ausgewählte Briefe
von J. M. R. Lenz

Lenz an seine Mutter.

[Weimar] am Karfreytage [5. April] 1776.
In diesem Augenblick meine theureste Mutter! da ich
der Mutter meines Goethe schreibe, in seinen Armen
in seinem Schooß, schreib ich auch Ihnen, sag Ihnen,
daß ich jetzt in Weymar bin, wo Goethe mich heut dem
Herzoge vorstellen wird.

Lassen Sie sichs nicht reuen daß ich immer noch so
herumschweiffe. Gott führt jeden seinen Weg, es
bleibt dabey daß ich Sie u. meinen lieben Vater überall
im Herzen herumführe und Ihnen keine Schande machen will.

Sagen Sie unserm lieben Vater, er soll alle unsere Geschwister und Freunde an einem Sonntage zusammen-
bitten und meines Bruders Goethe Gesundheit trin-
ken. Alsdenn seiner Mutter, seiner Schwester, seines
Vaters und dann meine. Die Rangordnung hat ihre Ursachen.

Ich werde Papaen schreiben eh ich von hier wegrei-
se, bitten Sie ihn daß er immer gleich zärtlich gleich
gütig gegen mich bleibt. Küssen Sie alle meine Geschwister von mir. Und all unsere Freunde.

Jakob M. R. Lenz.

Was macht Schwester Liesgen?

Abends. Ich bin 2 Stunden beym Herzoge gewesen und werde Morgen Mittag bey ihm essen. Sehr gnädig empfangen worden. – Was für große trefliche Leute kennen gelernt! All das dank ich Ihnen mein Vater! bethen Sie ferner für mich.

Lenz an Lavater.

[Weimar, bald nach dem 24. Mai 1776.] Wie es zugeht lieber Lavater! daß ich das bewußte Bild noch nicht erhalte, da du es doch Rödern für mich zugeschickt haben willst, begreiffe ich nicht, macht mir aber viele Herzensquaal. Das einzige worinn ich auf der Welt (ausser eurer Freundschaft) einen Werth setze, das einzige das mich in einer selbstgewählten Einsamkeit von der ganzen Welt vergessen, erhalten sollte, zum Besten manches guten Menschen erhalten – soll ich denn durchaus aufs äusserste gebracht seyn. Ich verlange nichts, fodere nichts als einen Schatten – einen Schatten der mich allein an diese Welt binden kann die mich in allen meinen Verhältnissen peinigt. Ich will nicht müssig gehen in meiner Einöde, aber ich muß etwas haben das meine Kräfte aufrecht erhält, das mich dem grossen Ziel entgegenspornt um des willen ich nur noch lebe. Ich weiß sehr wohl daß dies *Schatten*, daß es ein Traum, daß es Betrug ist, aber laß – wenn es nur seine Wirkung thut. Und wenn die vorher bestimmten Schläge durch die unsichtbaren Mächte die mich brauchen wollen, geschehen sind: was ist darnach an dem Instrument gelegen!

Wende um

Ich habe deinen 2ten Theil Physiognomick nur flüchtig mit dem Herzog durchlauffen können, ihn bey manchen Stellen aufmerksam gemacht, ihm vorgelesen und mich gefreut. Sobald ich Ruhe finde geh ich es mit geweyhter Seele durch, jetzt bin ich auch selbst dazu unfähig. Du bist der Einzige dem ich diese Art meiner Existenz klagen kann, und nicht einmal darinn finde ich Trost. Eine gänzliche Taubheit meiner Nerven, die nur wenn ich arbeite, mich alle Stacheln des Schmerzens fühlen lassen. Sage mir ein Wort insbesondere, das wird wohlthun: aber um alles in der Welt schone mich nicht. Das macht bey mir alles nur schlimmer. Ich bin auf den Punkt verschwiegener unangenehmer Nachrichten scharfsichtiger als du glaubst. Wahrheit ist immer der einzige Trost für mich gewesen.

Wie ich itzt so klein so schwach gegen ehemals mich fühle. Gieb mir mehr wirkliche Schmerzen damit mich die imaginairen nicht unterkriegen. O Schmerzen Schmerzen Mann Gottes, nicht Trost ist mein Bedürfniß. Diese Taubheit allein kann ich nicht ertragen.

[…]

Lenz an seinen Vater.

[Kochberg, September 1776.]
Bester Vater! Es war die Mutter vom nunmehrigen ge-
heimen Legationsrath Goethe, die ich in Frankfurt auf
der Durchreise das erstenmal kennen gelernet, von der
ich Mamaen das schrieb. Seine Schwester, eine gleichfalls sehr würdige Dame ist lange verheurathet mit einem Manne der ihrer werth ist.

Ich Ihrer spotten – das ist ein Gedanke, der mich
tödten würde, wenn ich nicht hoffen dürfte, daß er nur
aus Ihrer Feder, nicht aus Ihrem Herzen gekommen
ist. Ich sehe mein Vater! daß es ein Schicksal ist, das ich
nicht ändern kann, wegen Entfernungen der Zeit und
des Orts von Ihnen und allen den Meinigen mißver-
standen zu werden. Wie heilig mir Ihre Briefe sind,
mag Gott Ihnen durch einen andern Weg als durch meine Feder künftig bekannt machen, oder auch nur ahn-
den lassen. Fahren Sie fort mir diese *höchsten* Beweise
Ihrer Güte noch zuzuschicken wenn Sie mich dessen
werth glauben.

Goethe ehrt Sie wie ich. Die Welt ist groß mein Vater, die Wirkungskreise verschieden. Alle Menschen
können nicht einerley Meynungen oder vielleicht nur
einerley *Art sie auszudrücken* haben. So unvollkommen
das was man in jedem Fach der menschlichen Erkenntniß *modern* nennt, seyn mag, so ist es, wie Sie selbst mir
nicht ganz absprechen werden, jungen Leuten doch

nothwendig, sich hinein zu schicken, wenn sie der Welt brauchbar werden wollen. Glücklich sind sie wenn sie Väter haben wie ich, deren Beyspiel auch bey veränderten Umständen und Zeiten immer und ewig ihnen Muster bleiben muß. Das sage ich weder aus Heucheley noch aus Schmeicheley, denn *was für Vortheile könnte mir beydes bringen*, sondern aus Erkenntniß der Wahrheit, aus inniger Verehrung und Anbetung des Geists der in Ihnen webt und würket.

Die Briefe meiner Geschwister stärkten mich gleichfalls. Sagen Sie Fritzen ich werde Sorge für seinen Auftrag haben, fürchte aber, er werde ein wenig unthulich seyn, falls nicht etwa ein Landsmann nach Lief- oder Curland hineingeht, der einen Burschen mitnimmt. Mein Bruder Christian ist immer der einzige Mensch der mich noch am besten verstehen kann; sein Glück, seine Zufriedenheit sind die meinigen. Schwester Lottgen und Liesgen bitte ihre Munterkeit nicht zu verlieren, das Leben wird heutzutage immer bitterer – und immer süßer. Ein Augenblick – ersetzt Jahre voll Kummer – auch ein Augenblick wie der wenn ich Nachrichten von Ihnen erhalte. Schwester Norgen möchte ich sehen, Bruder Carl wird die Hofnungen seines Vaters nicht so grausam hintergehen als ich. Dürft ich bitten alle Ihre Schattenbilder zu nehmen, und sie mir verkleinert mit einem Instrument das man Storchenschnabel nennt, im Briefe zuzuschicken. Ich muß noch hinzusetzen, daß ich jetzt durch die Bekanntschaft Wielands eines der größesten Menschen unsers Jahrhunderts, dessen Werth aber freilich nur erst die Nachwelt ganz schätzen wird – und ich darf sagen durch sein Herz und seine Freundschaft eine der glücklichsten Aquisitionen meines Lebens gemacht.

Darf ich nochmals um Ihre Lebensgeschichte flehen. Nur auf einem Blättgen, wenns Ihre Zeit nicht erlauben will. Ich küsse Mama und Ihnen die Hand und alle Geschwister tausendmal Ihr gehorsamster Sohn

[...]   J. M. R. Lenz

Lenz an v. Kalb.

[Weimar, 29. November 1776.]
Ich danke Ihnen mein verehrungswürdiger Freund und Gönner für die unangenehme Bemühung die Sie meinethalben übernommen und versichere daß mir eine Ordre wie die auch wenn ich sie verdienet durch die Hand die sie mir überbrachte, versüßt worden wäre. Da ich aber nach meiner Ueberzeugung erst gehört werden müßte, ehe man mich verdammte und meine Ehre die mir lieber als tausend Leben ist, mich duch Annehmung dessen was Sie mir von unbekannter Hand hinzugelegt eines mir unbewußten Verbrechens schuldig zu bekennen, nimmermehr erlauben wird, so verzeyhen Sie daß ich diese beygefügte Gnade nicht anneh-

men sondern um Gerechtigkeit bitten darf. Es ist nicht seit heute, daß...

[*Am Rande:*]

Hier ein kleines Pasquill das ich Goethen zuzustellen bitte, mit der Bitte, es von Anfang – bis zu Ende zu lesen.

Lenz an den Herzog Karl August.

[Weimar, 29. November 1776.]

Votre Altesse dans sa derniere a paru vouloir m'exiler de Weymar pour un plus long tems encore. J'ai obéi. Je la remercie de la lettre dont Elle a daignée m'adoucir cette peine. J'y vois des lueurs d'esperance qu'Elle ne quittera pas un projet dont l'execution fera le plus sensible charme de ma vie. Non obstant les doutes que Mr. de Einsiedel m'ait exités sur ce sujet; en regardant l'adorable...

Lenz an Herder.

[Weimar, 29. oder 30. November 1776.]

Es freut mich bester Herder! daß ich eine Gelegenheit finde Abschied von dir zu nehmen. Freilich traurig genug, kaum gesehen und gesprochen, ausgestossen aus dem Himmel als ein Landläuffer, Rebell, Pasquillant.

Und doch waren zwo Stellen in diesem Pasquill die Goethe sehr gefallen haben würden, darum schickt ichs dir. Wie lange werdt ihr noch an Form und Namen hängen

Ich gehe, sobald man mich fort*winkt*, in den Tod aber nicht, sobald man mich herausdrücken will. Hätt' ich nur Goethens Winke eher *verstanden*. Sag ihm das.

Wie soll ich dir danken für deine Vorsprache beym Herzog. Er wird mein Herr immer bleiben, wo ich auch sey, ohne Ordres und Ukasen. Wollte Gott ein Schatten von mir bliebe in seinem Gedächtniß, wie Er und sein ganzes leutseeliges Wesen nimmer aus dem meinigen verschwinden wird. Ich weiß diese Versicherung ist ihm lieber als ein Danksagungsschreiben. Wolltest Du ihn mündlich bitten, mir huldreichst zu verzeihen, daß ich seine Bücher solange gehabt und gebraucht und daß ich die Dreistigkeit habe ihn unterthänigst nur um einen Aufschub von einem Tage zu bitten – ich will gleich eine Supplique beylegen – um in dem einem aus dem Archiv die grossen Züge seines eigenen Karackters in denen seines grossen Ahnherrn Bernhard zu Ende studiren zu können.

Schick doch diesen Brief sogleich ihm hin, ich flehe, der vorige hat *Effeckt gethan*, wofür ich tausendmal danke. Er wird mir diese letzte Gnade nicht abschlagen, wenn ihm Goethe für die Reinheit meiner Absichten Bürge ist. Und der wird es seyn, so sehr ich ihn beleidigt habe. Ich dachte nicht daß es so plötzlich aus seyn

sollte und hatte mir meine süssesten Arbeiten aufge-
spahrt. Diese Gelegenheit ist hernach auf immer für
mich verloren. *Nur ein einziger Tag* –

Umarme und seegne deine Gattin; Seyd unbegrenzt
glücklich – vergeßt mich. Lebt wohl!

Von dem versiegelten Zettel an Goethen sag niemand. Nochmals – Lebt wohl! Könnt' ich an eurem
Halse liegen.

Der redliche Kalb! wie treflich und edel!

Lenz an Lavater.

[Emmendingen] d. 24sten Juni [1777.]
Ich bin hier angekommen bester! du kannst dir vorstellen mit welchem Herzen, als ich überall mir entgegen
schallen hörte, sie ist todt. Schlosser hat sich beruhigt,
wie denn aller Verlust am Ende getragen werden muß –
allein ich glaube nicht daß er ihn ausheilt. Mir füllt diese
Lücke nichts – ein edles Wesen von der Art auf der Welt
weniger kann sie einen [!] schon verleiden machen.

Hier hast du einige meiner häuslichen Freuden,
Balsamtropfen die *Kaufmann* in meine Wunde goß. Er
ist mir und meinen Eltern ein Engel gewesen, ich kann
euch nicht alles sagen, worinn. Sein Brief wird dich lachen machen, schick mir ihn bald wieder und den von
meinem Vater, der aufs Haar damit übereinstimmt.
Verlier sie ja nicht, du verlörst mir Unendlichkeiten.

Vielleicht sehen wir uns wieder, ein Freyherr v. Hohenthal hat mir eine zweyte Reise durch die Schweitz angetragen, ich bin noch unschlüssig ob ich Schlossern verlassen *darf*. Indessen hab die Gutheit, den Thormann v. Christophle in Meyringen (von dem dir Kaiser den Brief an mich wird gewiesen haben) von Peters Schicksal berichten zu lassen, etwa eine Abschrift vom Testament, damit die Gemeinde seinesfalls beruhigt werde.

Tausend Grüsse dem liebenden Pfenninger und allen Edlen zu Zürich. Kaisern innigen Dank für seine Aufmerksamkeit. Die Post geht zu schnell als daß ich antworten könnte.

Dein Lenz.

P. Füeßli wird meine Frechheit entschuldigen, ich schick ihm sein köstliches Darlehn Sonntag mit der fahrenden

Schlosser grüßt, wird nächstens schreiben, itzt ists ihm unmöglich

Kaufmann schreibt Schl. daß er glücklich bey dem Vater seines Russen angekommen und von da nach Petersburg gehen werde.

Womit dank ich dir Lieber und all den Deinen, für alle genossene Freundlichkeit Sollte deine Gattin wieder da seyn, so sag ihr mehr als ich sagen kann für die Duldung die sie mit meiner unbehelfsamen Existenz gehabt. Ich muß leider noch schweigen

Lenz an Lavater.

Bern d. 7 August 1777

εν πιστει

Lavater! ich bin hier in einem theuren Wirthshause und ohne Geld – und erwarte von dir – daß du mir gleich nach Ansicht dieses eine Louisd'or und einen Dukaten zuschickest Schiebst dus einen Posttag auf, so gerath ich in Schulden und andern Händeln die noch schlimmer sind. Wie ich hie hergekommen, frag nicht, alles das läßt sich im Briefe nicht füglich sagen. – Ich hoffe Schlosser hat dir für mich schon Geld von Weygandt zugeschickt; ists geschehn, so wieg ich deinem Arm desto weniger, der mich in dem Fall in dem ich itzt bin, ganz allein stützen kann –

Ich werde nicht in Zürich bleiben können. Ausgenommen daß vor der Hand – meine Wirthschaftsumstände dort richten werde und mir deßhalb ein acht Tage Aufenthalt in deinem Hause ausbitten muß. Kanns aber nicht seyn so sags nur ohne Rückhalt, *denn du bist ohnehin geplagt genug*. Deine jetzige Hülfe aber muß ich haben, weil auf die Schleunigkeit derselben eine unendliche Menge Nebenumstände beruhet, die für mich eben sowohl von den besten als von den entsetzlichsten Folgen seyn könnten [...]

Lenz.

Schlosser und Lenz an Lenzens Vater.

[*Schlosser:*]

P. T. Ihnen unbekandt war ich lange Ihr Freund, durch Ihren Herrn Sohn. Drey Jahre sinds, daß ich diesen kenne, und, ob gleich wir nur selten beysammen seyn konnten; so waren wir doch Freunde. Ich ehrte sein Herz u. seine Talente u. liebte Ihn darum; aber ich übersahe ihm seine Fehler nie, am wenigsten den, daß er sich so weit von Ihnen entfernte. Er fühlte sein Herz noch nicht rein u. kindl. genung, meinen Rath zu folgen. Vor einiger Zeit schlug ihn Gott mit einer harten Krankheit. Mit dieser kehrte sein Erinnern an Ihre väterl. Treue u. alle kindl. Gefühle zurück. Er war vest entschlossen, zurück zu kehren zu Ihnen, sich in Ihre Arme zu werfen u. durch die Tugenden u. den Werth seines männlichen Alters, Ihr Greisen-Alter glückl. zu machen. In diesem Vorsatz kam er zu mir. Ich bestärkte Ihn darinn u. seine Abreise war auf gestern festgesetzt. Gott ließ aber ihm u. uns allen zum Glück, am vorigen Dienstage seine Krankheit in ein hitziges Fieber ausbrechen, seegnete jedoch dabey unsere geringe Sorgfalt, so, daß er auf dem besten Wege der Beßerung ist. Nun bittet mich sein Herz, voll der wärmsten kindlichsten Liebe, Ihnen das zu schreiben. Er wünscht u. hoft, daß Sie an seinen Leiden herzliches Theil nehmen werden u. versichert Sie nicht allein seiner kindlichen Liebe u. der wahren Reue über seine Entfernung von Ihnen u. seine Fehler, sondern auch von dem vesten Entschluß, so bald Gott ihm die Kräfte giebt, wieder in Ihre Arme zu kehren. Ich, der ich nur zu gut fühle, daß, wenn der Mensch auf Erden glückl. seyn soll, es nur durch Liebe von, oder zu, seinen Kindern seyn kann, ich freue mich, Ihnen dieses zu schreiben, u. bitte Sie inständig, mir bald einen Brief an Ihren mir immer lieben Sohn zu schicken. Sie können Ihn am besten in seinen Leiden, die seine Seele selbst durchdringen, helfen u. aufrichten u. Gott wird Sie dafür mit dem Trost eines wohldurchlebten Alters u. der größten Freude an allen Ihren Kindern segnen. Trauen Sie meiner Versicherung die wahre Hochachtung, mit welcher ich mich nenne

Ew. Hochehrwürden ergebenster:
Schlosser
Markgräflich badischer Hofrath
u. Oberamtmann der Markgrafschaft Hochberg.

Emmendingen in Breisgau bey Freyburg
d. 9. Märtz 1778

[*Lenz:*]
Vater! ich habe gesündigt im Himmel u. vor Dir u. bin fort nicht werth, daß ich Dein Kind heiße.
Jacob Lenz.

[*Schlosser:*]

Sie sehen die Schwermuth Ihres Sohnes. Ich bitte Sie, trösten Sie ihn bald. Wie ich höre, ist ein andrer Sohn von Ihnen in Leipzig, ich wollte, der käme u. holte ihn ab. Wo nicht, so werde ich die Anstalt so machen, daß er sicher nach Leipzig kommt, so bald er gesund ist. Hoffen Sie das beste u. seyn Sie Vater. Er ist äusserst bekümmert u. braucht Aufrichtung. Gott wird alles seegnen. Schreiben Sie nur bald.

Schlosser.

Zeittafel
zu J. M. R. Lenz

1751   Am 23. Januar wird Jacob Michael Reinhold
       Lenz in Seßwegen (heute Cesvaine) in Livland
       als Sohn des Pastors Christian David Lenz ge-
       boren.

1759   Übersiedlung nach Dorpat (Tartu).

1765   Erste dichterische Versuche.

1768   20. September Immatrikulation als Student der
       Theologie an der Universität Königsberg. Lenz
       hört Kant.

1771   Lenz reist im Frühjahr als ›Mentor‹ der beiden
       Brüder Friedrich Georg und Ernst Nicolaus von
       Kleist über Berlin und Leipzig nach Straßburg.
       Erste Bekanntschaft mit Goethe. Mitglied der
       Straßburger philosophisch-literarischen Sozie-
       tät. Beschäftigung mit Shakespeare.

1772   Mai–Dezember: Abwesenheit von Straßburg in
       Begleitung Ernst Nicolaus von Kleists. Aufent-
       halt zunächst in Fort Louis (Besuche in Sesen-
       heim; Friederike Brion), im Herbst in Landau.
       Briefwechsel mit Salzmann. Beendigung des
       Hofmeisters, erste Plautusübersetzungen.

1773   Theologische und moralische Vorträge vor der
       Straßburger ›Sozietät‹. Fertigstellung der *Lust-*

spiele nach dem Plautus, der *Anmerkungen übers Theater*, des *Neuen Menoza* und der *Meinungen eines Laien*. Beginn des Briefwechsels mit Goethe. Beschäftigung mit Ossian.

1774   Einseitiges Liebesverhältnis zu Cleophe Fibich (*Tagebuch*), bis zum Herbst Gesellschafter Christoph Hieronymus Johann von Kleists, des jüngsten der drei Brüder. 3. September Immatrikulation bei der theologischen Fakultät. Lenz verdient sich den Unterhalt durch Stundengeben. Die jetzt im Druck erscheinenden ersten Werke machen ihn berühmt. Literarische Bekanntschaften (Lavater, Herder).

1775   Mai/Juni: Lenz trifft mit Goethe und dem Grafen Stolberg zusammen, Reise nach Emmendingen zu Goethes Schwager Schlosser. Schwärmerische Verehrung für Cornelia Schlosser, Goethes Schwester, später auch für Henriette Waldner von Freundstein. Große dichterische Produktion: u. a. *Pandämonium Germanikum, Die Soldaten* (1776 gedruckt). Literarischer Streit gegen Wieland (*Die Wolken*, verloren). November: Gründung der Straßburger *Deutschen Gesellschaft*, Lenz ist maßgebend beteiligt. *Die Freunde machen den Philosophen* (1776 gedruckt), *Über die Soldatenehen*.

1776   März: Abreise aus Straßburg, 4. April Ankunft in Weimar. Aussöhnung mit Wieland. *Der Wald-*

bruder, Der Engländer. 27. Juni–10. September in Berka (*Tantalus*), Sept.–Okt. als Gesellschafter von Charlotte von Stein in Kochberg. 26. November: Lenz begeht in Weimar eine für Goethe sehr verdrießliche »Eselei«. 1. Dezember Ausweisung durch den Herzog, Abreise nach Frankfurt a. M.

1777   Bis etwa Mitte April bei Schlosser in Emmendingen (*Der Landprediger*), dann bei Freunden in der Schweiz (Basel, Zürich, Schaffhausen). Im Juni Reise in die inneren Kantone, dann nach einem kurzen Abstecher nach Emmendingen (Cornelias Tod) Plan einer Italienreise; Lenz kommt aber nur bis Lausanne und muß umkehren. Vom August bis November meistens bei Lavater in Zürich, dann bei Kaufmann auf Schloß Hegi (bei Winterthur). Anfang November erste Anzeichen von Verwirrung.

1778   Auf einer Reise mit Kaufmann nach Emmendingen und ins Elsaß erneuter Ausbruch der Erkrankung. Vom 20. Januar bis Anfang Februar in Waldersbach, dann in Straßburg, von Ende Februar bis Mitte April wieder bei Schlosser in Emmendingen; schwere Anfälle von Raserei, Selbstmordversuche. Schlosser bringt den Kranken schließlich bei einem Schuhmacher in Emmendingen, später in Hertingen (bei Basel) unter.

1779	Juni: Lenzens jüngster Bruder Karl Heinrich Gottlob holt ihn ab; Fußreise über Frankfurt und Weimar nach Lübeck. 23. Juli Ankunft in Riga. Erste Versuche, in Livland Fuß zu fassen und schriftstellerisch zu arbeiten. Der Vater ist jetzt General-Superintendent von Livland.
1780	Lenz wird Hofmeister, Aufenthalt in Estland und St. Petersburg. Beiträge zu literarischen Zeitschriften.
1781	Lenz zieht nach Moskau. Von hier aus Veröffentlichung weiterer Arbeiten. In den folgenden Jahren ist er eine Zeitlang Erzieher in einer Pensionsanstalt. Die Anzeichen geistiger Verwirrung nehmen wieder zu, er wird von Freunden unterstützt. Trotzdem weitere literarische Tätigkeit, Beschäftigung mit ökonomischen, pädagogischen Fragen. Übersetzungen aus dem Russischen. Bekanntschaft mit N. M. Karamsin.
1792	3./4. Juni: Lenz stirbt auf einer Moskauer Straße. Ein Freund läßt ihn begraben.

Nach Richard Daunicht, Hrsg.: Jakob Michael Reinhold Lenz. Werke und Schriften. Reinbek bei Hamburg 1970.

Zeittafel
zu J. R. Oberlin

1740   Johann Friedrich Oberlin wird in Straßburg geboren.

1755-61 Theologie-Studium an der Universität Straßburg.

1760   Oberlin setzt seine – später mehrfach erneuerte
– »Akte der Gottesweihe« auf.

1762-65 Hauslehrer im Haushalt des Straßburger Arztes
Ziegenhagen.

1766   Oberlin lernt den Steintaler Pfarrer Stuber kennen. Erster Besuch im Steintal.

1767   Oberlin wird als Nachfolger Stubers zum Pfarrer des Steintals ernannt. Er behält dieses Amt
bis zu seinem Tod 1826. Oberlin legt sein theo-
logisches Abschlußexamen ab und legt seine
Dissertation vor.

1768   Verlobung und Heirat mit Magdalena Salomé
Witter.

1770   Ordination. Er gründet Strickschulen in Belmont, Bellefosse und Waldersbach.

1773   Einführung der Baumwollspinnerei und -webe-
rei im Steintal durch den Fabrikanten Reber auf
Initiative Oberlins.

1774   Oberlin erwägt die Auswanderung nach Eben-

ezer in der britischen Kolonie Georgia in Nord-
amerika.

1778 Januar–Februar: Aufenthalt des Dichters J.
M. R. Lenz in Waldersbach. Oberlin macht eine
Bildungsreise in die Markgrafschaft Hochberg
bei Freiburg und gründet einen »Landwirt-
schaftlichen Verein«.

1780 Zweite Bildungsreise Oberlins nach Köndringen und Colmar.

1782 Gründung der »Christlichen Gesellschaft«, die
jedoch schon nach 16 Monaten wieder aufgelöst
wird.

1783 Tod von Frau Oberlin. Von den neun Kindern
aus dieser Ehe überleben sieben.

1784 Oberlin verfaßt seinen Lebenslauf, der 1826
bei seinem Begräbnis verlesen wird.

1785 Gründung einer Leih- und Kreditanstalt.

1789 Der Sturm auf die Bastille, das Pariser Stadtge-
fängnis, leitet die Französische Revolution ein.
Ihre Folgen werden bis ins Steintal spürbar.

1791 Oberlin begründet das Diakonissenamt im
Steintal.

1794 Januar–März: schwere Krankheit Oberlins.
April: Oberlin werden alle Amtshandlungen
untersagt. Er gründet den »Volksklub«. – Juli:
Oberlin wird verhaftet und nach Schlettstadt
gebracht, jedoch nach wenigen Tagen wieder
auf freien Fuß gesetzt.

1804	Dritte und letzte Reise Oberlins, diesmal nach Mühlhausen und St. Dié. Beginn der Korrespondenz mit der Herrnhuter Brüdergemeinde.
1811	Oberlin ist schwer krank und schreibt sein Testament.
1812	Jung-Stilling besucht Oberlin im Steintal.
1813	Der Sohn Heinrich Gottfried wird Vikar in Waldersbach. Jean-Luc Legrand verlegt auf Oberlins Bitte seine Seidenbandfabrikation ins Steintal. – Juni: Der schon hundert Jahre laufende Prozeß zwischen den Steintaler Gemeinden und dem Besitzer des Tals (damals Champy) um die Wald- und Weiderechte wird durch Oberlins Vermittlung gütlich beendet.
1814	Schutzbrief des russischen Zaren Alexander für Oberlin.
1819	Ludwig XVIII. ernennt Oberlin zum Ritter der Ehrenlegion.
1826	Tod Oberlins. Er wird auf dem Foudayer Friedhof beigesetzt.

Nach John W. Kurtz: Johann Friedrich Oberlin. Sein Leben und Wirken. 1740–1826. Metzingen 1982.

Jürgen Schröder
Büchners »Lenz«

Man muß nur Aug und
Ohren dafür haben.
Büchner-Lenz

Ein Mensch auf der Flucht, auf einer Flucht ohne Ende. An einem 20. Sein Name ist Lenz. Mehr wird nicht
mitgeteilt über ihn. Nicht, woher er kommt, nicht, wohin er geht, nicht, was ihn treibt. Alter, Stand, Ausse-
hen, Jahreszahl – kein Wort darüber. Ein Text ohne
Warum, ohne Vorgeschichte, ohne Exposition. Aber so-
fort ganz gegenwärtig. Schon im zweiten Satz beginnen
wir mit den Augen des Lenz zu sehen. Und im fünften
Satz werden wir eins mit ihm: »Am Himmel zogen
graue Wolken, aber Alles so dicht, und dann dampfte
der Nebel herauf und strich schwer und feucht durch
das Gesträuch, so träg, so plump.« Dieses »Alles«, dieses »so« und dann noch das »es« – sie werden beständig
wiederkehren und dem Leser mit ihren Sätzen auf den
Leib rücken, als gäbe es plötzlich keine Distanz mehr
zwischen ihm und Lenz, diesem Unbekannten, Fremden, Erschreckenden, als würde man mit seinem Atem
verschmelzen, mit seinen überreizten Sinnen schauen
und hören, mit seinen sich jagenden und ermattenden
Gedanken fiebern, mit seinen sprengenden und erstar-
renden Gefühlen empfinden, als würde man mit Lenz
zu einem riesigen pulsierenden Raum ausgeweitet und

dann wieder zusammengezogen zu einem kleinen verlorenen Punkt... – als schaute man in die neblige
Landschaft seines Kopfes. Und plötzlich ist die ganze
Himmelsschale mit ihrem Gewölk zu einem gemeinsa-
men, nach außen gestülpten Gehirn geworden, in dem
der Leser mit Lenz zu laufen, zu suchen und sich heil-
los zu verirren beginnt.

Ein Mann auf der Flucht von Deutschland nach
Frankreich, auf der Flucht vor der bürgerlichen Gesellschaft des 18. Jahrhunderts in das menschenleere Gebirge und die einfachen vorbürgerlichen Dorfgemein-
schaften der Vogesen, auf der Flucht vor der Vaterwelt
und der ihm unerträglichen Normalität der entstehen-
den Arbeits- und Leistungsgesellschaft (»Immer steigen, ringen und so in Ewigkeit Alles was der Augenblick giebt, wegwerfen und immer darben, um einmal
zu genießen...«), auf der Suche nach Ruhe, Wärme,
Geborgenheit, Heimat, Kindheit, nach den verlorenen
Hoffnungen, auf der Suche nach Menschen, nach Liebe. Kinder und Kindheit, Frauen und Mädchen – das
sind die häufigsten Motive der Erzählung.

Lenz ist ein äußerer und innerer Emigrant. Was man
seinen »Wahnsinn« nennt, ist nur die radikalste Form
der seelischen Emigration aus allem Vertrauten und
Gewohnten, aus den vorgegebenen physischen, psychischen, moralischen und religiösen Ordnungen seiner Gesellschaft, ist die Erfahrung, keinen Ort mehr in
der menschlichen Welt zu haben. Dieser Entwurzelte

und Ausgestoßene (seit seiner Verweisung vom Weimarer Hof Ende 1776 führt er schon über ein Jahr ein unruhiges, ungesichertes Wanderleben) ist über die inneren und äußeren Grenzen bereits hinausgetrieben, hinausgeschleudert und sucht jenseits von ihnen ein neues Zuhause, einen Winkel, wo es sich noch ein bißchen leben und wohlsein läßt.

Gibt es diesen utopischen Ort für ihn (den schon Büchners Dantonisten suchten und den auch Leonce, Valerio und Lena erwandern wollen)?

Es gibt ihn und es gibt ihn nicht. Auf der Landkarte, in den Vogesen, auf der Erde findet man ihn nicht. Hier gilt Christa Wolfs für Kleist und die Günderode gesprochenes »Kein Ort. Nirgends«. Lenz muß auch in Waldersbach bei Oberlin scheitern, einem Ort wie an der Grenze der zivilisierten Welt.

Doch Büchners *Sprache* wird zu diesem Ort, zu einer letzten Zuflucht für Lenz, zur »Möglichkeit des Daseins«. Sie solidarisiert sich mit ihm, nimmt ihn an, wie er ist, läßt ihn mit jedem Satz aus sich heraustreten und kopiert nichts Äußeres, vor allem kein fremdes Kategorien- und Koordinatensystem in ihn hinein. (Büchner lernte bei seinem gleichzeitigen Studium der Philosophie gerade die »Armseligkeit des menschlichen Geistes wieder von einer neuen Seite kennen«!) Gelassen und angstfrei erträgt seine Sprache das Halt-, Zusammenhangs- und Orientierungslose dieses Menschen, dem sich oben und unten, fern und nah, langsam und schnell, hell und dunkel, groß und klein, Fülle und Leere, Sinnliches und Seelisches, Traum und Wachen vertauschen, in dem die Extreme ständig ineinander umschlagen und die Membranen zwischen Mensch und Natur, Innen und Außen wieder durchlässig geworden sind. Büchners Prosa, indem sie die ganz *andere* Ordnung akzeptiert und entstehen läßt, holt einen fremden, von der Gesellschaft ausgegrenzten Menschen wieder zurück in die menschliche Gemeinschaft, bietet ihm ein brüderliches Asyl, läßt ihn heimkehren. Sie erweitert die »Provinz des Menschen« ins bisher Unbekannte, Schreckenerregende und Tabuierte, in eine »Landschaft der Angst« und der Flucht (Canetti). Der »wahnsinnige« Lenz – wie der Paria Woyzeck – werden zu unserem Bruder. Wir verlieren unsere Angst vor ihnen. Nach dem letzten Satz dieser Prosa existiert der ausgrenzende Begriff des »Wahnsinns«, existiert der Wahnsinn als Krankheit nicht mehr – obwohl es ein Mediziner ist, der schreibt.

Das Schreckliche des Schlusses liegt nicht in der Vollendung des »Wahnsinns«, es liegt darin, daß Lenz gerade *nicht* wahnsinnig, daß er auf seiner endlosen Flucht in den Wahnsinn eingefangen und zu einem automatisch funktionierenden Mitglied der bürgerlichen Gesellschaft abgerichtet wird. »Er schien ganz vernünftig, sprach mit den Leuten; er that Alles wie es die Andern thaten...« Lenz ist am Ende zu einer Marionette abgestorben. Sein »Wahnsinn« – wie der abendliche Rückblick auf den »goldnen Pokal« der Erde noch einmal herzzerreißend ahnen läßt – ist das Leben gewesen, seine »Vernunft« ist der Tod. –

Auch Georg Büchner war seit dem März 1835 ein Ausgestoßener und Verfolgter, ein Mann auf der Flucht, ein Grenzgänger und Emigrant. Seine konspirativen Verbindungen, der Versuch, mit dem »Hessischen Landboten« die revolutionäre Stimmung der Bauern zu erkunden, waren verraten worden. Er lebte in Straßburg mit der beständigen Sorge, als steckbrieflich gesuchter politischer Flüchtling wieder nach Hessen ausgeliefert zu werden. Er litt mit seinen in den hessischen Kerkern inhaftierten Freunden, als wäre er bei ihnen, und schauderte doch bei der Vorstellung, »so im Gefängniß auf eine langsame Weise aufgerieben«, körperlich und geistig zerrüttet zu werden. »Ich wäre in so einem Loch *verrückt* geworden«, schreibt er Anfang August 1835 an seine Familie in Darmstadt. Diese Angst hat ihn bis auf sein Sterbelager in Zürich (Februar 1837) verfolgt, bis in die Fieberphantasien von Auslieferung und Gefangenschaft. Die Erzählung nimmt sie poetisch vorweg: Lenz wird am Ende als Gefangener nach Osten, in Richtung Deutschland abtransportiert, fort von den Vogesen, die Büchner liebte »wie eine Mutter«.

Trotzdem ist der Dichter, bei aller Nähe, nicht identisch mit Lenz. Auch nach seiner Flucht, vor allem in den Briefen, zeigt Büchner die gewohnte überlegenspöttische Selbstsicherheit, gerade jetzt produziert er sich als »Narr«, der sich immer auch von außen und mitten in einer grotesken Komödie agieren sieht. Mit dem »Lenz« hat sich Büchner seine Ängste, Schuldgefühle und Alpträume, das Unausgesprochene und Halbbewußte, aber auch seine politische Ohnmacht von der Seele geschrieben. Nach dem Revolutionär Danton wird nun ein wahlverwandter Dichter sein Stellvertreter, beide in einem letzten Akt. Mit psychischen und psychosomatischen Grenzzuständen war Büchner seit seiner Gießener Studienzeit vertraut, und auch mit der Erfahrung, daß sie mehr von den öffentlichen als von den privaten Verhältnissen verursacht werden. »Ich war [in Gießen] im Aeußeren ruhig«, schreibt er im April 1834 an die Familie, »doch war ich in tiefe Schwermuth verfallen; dabei engten mich die politischen Verhältnisse ein, ich schämte mich, ein Knecht mit Knechten zu sein, einem vermoderten Fürstengeschlecht und einem kriechenden Staatsdiener-Aristokratismus zu Gefallen. Ich komme nach Gießen in die niedrigsten Verhältnisse, Kummer und Widerwillen machen mich krank.«

Zuerst sollte es ein Aufsatz für die von Gutzkow geplante »Deutsche Revue« werden (Oktober 1835). Vermutlich war es der Vater seiner Verlobten, Pfarrer Jaeglé, der ihn mit dem im Elsaß rühmlich bekannten Pfarrer Oberlin, dem »Vater des Steintals« (1740–1826) bekanntmachte und auf dessen Aufzeichnungen über den

Sturm- und Drang-Dichter Jakob Michael Reinhold Lenz (1751–1792) hinwies, der Oberlin Anfang 1778 aufsuchte. Die ihm befreundeten Brüder Stöber versorgten ihn mit dieser Niederschrift (die erstmals 1839 erschien), mit weiteren Briefen von Lenz und lokalen Nachrichten über ihn; den Dichter selber – Büchner besaß vermutlich seine von Tieck herausgegebenen »Gesammelten Schriften« von 1828 – kannte und schätzte er längst.

Seine wichtigste Quelle sind zweifellos Oberlins Aufzeichnungen gewesen, deren nüchterner protokollarischer Stil ihm weit entgegenkam. Er folgt ihnen oft, über Sätze hin fast wörtlich, in einer dokumentarischen Schreibweise, die schon den »Danton« geprägt hat. Dennoch wird jeder Satz Büchners ein anderer, kraft eines ganz eigenen Kontextes. Oberlins Niederschrift ist ein gewissenhafter, sympathischer Rechenschaftsbericht, vor sich selber und vor den zahlreichen Freunden des Lenz, die ihm seit seiner Abreise aus Straßburg (März 1776; er hielt sich seit 1771 in Straßburg und im Elsaß auf) zu helfen versuchten und die ihn, nach einem ersten Selbstmordversuch, im Dezember 1777 aus der Schweiz zu Oberlin schickten. Er sollte dort Ruhe und eine beständige, ihn erhaltende Tätigkeit finden.

Oberlins Aufzeichnungen wollen u. a. verständlich machen, warum dieser Versuch schon nach knapp drei Wochen scheiterte (J. M. R. Lenz erlitt hier den ersten schizophrenen Schub – sagen die Mediziner.) Aber sie enthalten auch eine massive moralische, ja pastorale Bewertung des »Falls«. In der großen Lücke, die bei Büchner zwischen Lenzens erneutem Selbstmordversuch und seinem Abtransport nach Straßburg klafft, grenzt Oberlin sich mit einem strengen Urteil von ihm ab: »Denn fürchterlich und höllisch war es, was er ausstund, und es durchbohrte und zerschnitt mir das Herz, wenn ich an seiner Seite die Folgen der Principien, die so manche heutige Modebücher einflößen, die Folgen seines Ungehorsams gegen seinen Vater, seiner herumschweifenden Lebensart, seiner unzweckmäßigen Beschäftigungen, seines häufigen Umgangs mit Frauenzimmern, durchempfinden mußte. [...] Er war mir um so bedauerungswürdiger, je schwerer ihm zu seiner Beruhigung beizukommen war, da unsere gegenseitigen Principien einander gewaltig zuwider, wenigstens von einander verschieden schienen.«

Mit diesem Urteil, das die Geisteskrankheit als Folge unsteten Lebenswandels und als Strafe für christliche Sündenschuld versteht, stellt sich auch Oberlin auf die Seite der Gegner und Verfolger des Lenz. Er hat es von der Reise mit Kaufmann, auf der er »hinlänglichen Unterricht in Ansehung Herrn L. ... bekommen«, ins entlegene Steintal mitgebracht. In der Erzählung hieß es zuvor noch: »Oberlin wußte von Allem nichts; er hatte ihn aufgenommen, gepflegt; er sah es als eine Schickung Gottes, der den Unglücklichen ihm zugesandt hätte, er liebte ihn herzlich. Auch war es Allen nothwendig, daß er da war, er gehörte zu ihnen, als wäre er schon längst da, und Niemand frug, woher er gekommen und wohin er gehen werde.«

Diese fraglose bergende Gemeinschaft wird aufgehoben. Von diesem Zeitpunkt an ist Lenz endgültig verloren; die bürgerliche Gesellschaft, die er flieht, hat ihn auch hier eingeholt. Diesen Einschnitt macht Büchner unübersehbar. Er fügt zunächst eine heftige Auseinandersetzung mit Kaufmann ein, der Lenz nach dem »Kunstgespräch« beiseite nimmt: »Er hatte Briefe von Lenzens Vater erhalten, sein Sohn sollte zurück, ihn unterstützen. Kaufmann sagte ihm, wie er sein Leben hier verschleudre, unnütz verliere, er solle sich ein Ziel stecken und dergleichen mehr.« Lenz' Vater war Pfarrer in Dorpat, dann Generalsuperintendent von Livland; er bedurfte keiner Unterstützung des in seinen Augen mißratenen Sohnes. Unterstützung heißt an dieser Stelle eindeutig Unterwerfung. Tatsächlich vermochte J. M. R. Lenz sich von seinem Vater und seiner strengen pietistischen Erziehung zeitlebens nicht zu lösen und befand sich, nach seiner Sturm- und Drang-Revolte gegen diese Vaterwelt, in einem ununterbrochenen Konflikt mit ihnen. (Daher u. a. seine manischen Schuldgefüle.) In Oberlin suchte Lenz, in einer Art Rückkehrverlangen, auch einen anderen besseren Vater, eine neue kindliche Familie. Schon am ersten Abend in Waldersbach ist ihm, »als müsse er immer › Vater unser‹ sagen«. Er »rettet« sich in Oberlins Gestalt;

»seine Worte, sein Gesicht thaten ihm unendlich wohl«. Deshalb sieht er – bei Büchner – »mit Angst seiner Abreise entgegen«. Er weiß, daß er Oberlin dadurch verlieren wird, und er behält recht. Nach seiner Rückkehr nimmt Oberlin tatsächlich Gesicht und Stimme des livländischen Vaters und des Vatergottes an. Büchner hat diesen schrecklichen Verrat einerseits abgemildert, andererseits als fundamentale Zäsur und Wende des Krankheitsprozesses noch klarer konturiert. Man vergleiche die entsprechenden Texte. Büchner treibt mit einem eigenen Einschub die fatale Wirkung der Oberlinschen Ermahnungen deutlich heraus: »Über dem Gespräch gerieth Lenz in heftige Unruhe; er stieß tiefe Seufzer aus, Thränen drangen ihm aus den Augen, er sprach abgebrochen. Ja, ich halt' es aber nicht aus; wollen Sie mich verstoßen? Nur in Ihnen ist der Weg zu Gott. Doch mit mir ist's aus! Ich bin abgefallen, verdammt in Ewigkeit, ich bin der ewige Jude«.

Lenz wird erneut verstoßen. Seine Vater-, Heimat- und Kindheitssuche ist fehlgeschlagen. Seine Bahn wird so abschüssig, daß es fortan keinen Halt mehr für ihn gibt. Als Johann Georg Schlosser, der Schwager Goethes, ihn nach dem Straßburger Zwischenaufenthalt im Frühjahr 1778 aufgenommen hat und am 9. März einen hilfesuchenden Brief an Lenzens Vater richtet, setzt der Sohn nur einen (biblischen) Satz hinzu: »Vater! ich habe gesündigt im Himmel u. vor Dir u. bin fort nicht werth, daß ich Dein Kind heiße.« An einem Junimorgen des Jahres 1792 wurde J. M. R. Lenz, dieser verlorene Sohn und ewige Jude, auf den Moskauer Straßen tot aufgefunden.

An solchen Stellen – der Besuch Kaufmanns und seine Vater-Ermahnungen, der zurückkehrende Oberlin als Anwalt der bürgerlichen Vater-Gesellschaft – gibt diese scheinbar so unpolitische, mit naturwissenschaftlicher Präzision und Objektivität geschriebene und wie in einem gesellschaftlichen Niemandsland angesiedelte Erzählung ihre implizite sozialpolitische Dimension zu erkennen. Unsere zeitgenössische politisch engagierte Literatur hat uns für solche ästhetischen Erfahrungen eher abgestumpft und blind gemacht. Denn sie folgt zumeist jener kausalen »teleologischen Methode«, die Büchner als Naturwissenschaftler wie als Dichter verwarf, weil sie überall nur nach Ursachen und Zwecken fragt und damit zu erklären und zu antworten glaubt. Büchner sieht auch die geschichtliche Welt jenem Naturgesetz folgen, das er in seiner Probevorlesung »Ueber Schädelnerven« ausgesprochen hat: »Die Natur handelt nicht nach Zwecken, sie reibt sich nicht in einer unendlichen Reihe von Zwecken auf, von denen der eine den anderen bedingt; sondern sie ist in allen ihren Aeußerungen sich unmittelbar *selbst genug.*« In diesem Sinne ist alles, was in der »Lenz«-Erzählung erscheint, »sich unmittelbar *selbst genug*« und bedarf keiner Begründungen, Erklärungen und Ursachen, die außerhalb ihrer liegen. Und auch die menschlich-geschichtliche und die natürliche Welt verschmelzen in jenem Grenzbereich der personalen Selbstentfremdung und Selbstauflösung, worin die kulturellen Sekundärsysteme ihre Prägekraft verlieren, zu einer osmotischen, aber auch verstörenden Einheit, von der der ›normale‹ menschliche Alltag und Alltagsmensch kaum noch eine Ahnung besitzen.

Büchner begründet oder erklärt den Verfallsprozeß des Lenz an keiner Stelle; er zeigt ihn, und in diesem Zeigen ist alles enthalten, hängt alles mit allem zusammen. (Im Text enthalten ist u. a. auch eine exakte Schizophrenie-Studie.) Noch weniger hat Büchner es nötig, zu politisieren, zu verallgemeinern oder gar anzuklagen. Die gesellschaftlichen Verhältnisse, als deren Opfer man Lenz heutzutage ausstellen und beklagen würde, werden nirgendwo direkt berührt: kein Wort über die Erziehungstyrannei des pietistischen Vaters, über den Bann Goethes (vgl. seine Urteile über Lenz im 11. Buch von »Dichtung und Wahrheit«) und die Unduldsamkeit des Weimarer Hofes, über die Misere eines Hofmeister-Daseins, über die »deutsche Misere« überhaupt. (Auf sie wird dann Brechts Bearbeitung des Lenzschen »Hofmeisters« fixiert sein.) Büchner verfolgt mit unerhörter Konzentration und Genauigkeit die exzentrische Bahn eines einzigen Menschen in einer entscheidenden Lebensphase, das Leiden des einzelnen und nicht das ›gesellschaftliche Leiden‹, das ihn krank macht (»kaputt« im heutigen Jargon). Aus seiner Vergangenheit werden lediglich einige private Umstände berührt (Familie, die Liebe zu Friederike Brion) und nicht einmal alle Hinweise Oberlins aufgegriffen. Aber die ganze Gewalt der gesellschaftlichen Verhältnisse wird im lebendigen, zersplitternden Spiegel ihrer Wirkungen sichtbar, in der Deformation und Zerstörung eines einzelnen Menschen, in seiner vergeblichen Flucht vor diesen Verhältnissen, in seinem scheiternden Versuch, noch irgendeinen Platz zu finden, der ihrem Zugriff entzogen ist. Luciles »Wahnsinn« am Ende des »Danton«, Woyzecks Gesichte und der »Wahnsinn« des Lenz gehören zusammen.

Was Büchner selber von der »abgelebten modernen Gesellschaft«, von der dem »Volk« gegenüber »gebildeten und wohlhabenden Minorität« gehalten hat, findet sich in wünschenswerter Klarheit und Allgemeinheit in seinen Briefen ausgesprochen. »Das ganze Leben derselben«, schreibt er dort, »besteht nur in Versuchen, sich die entsetzlichste Langeweile zu vertreiben. Sie mag aussterben, das ist das einzig Neue, was sie noch erleben kann.« Lenz, der diese Gesellschaft flieht, wird von ihr und ihrer »entsetzlichsten Langeweile« auch im Steintal noch, von innen und von außen, ereilt, er wird von ihr ›ausgestorben‹.

Erst in solchen Zusammenhängen versteht man das große und berühmte »Kunstgespräch«. Büchner hat es unmittelbar nach der für Lenz so fatalen Ankunft Kaufmanns eingefügt. Es ist ein letzter Akt der Selbstverteidigung, der Gegen- und Notwehr. Schärfer als es ein politisches Pamphlet könnte, grenzt sich Lenz mit seinem (anachronistischen) ästhetischen Credo (denn die »idealistische Periode« beginnt ja erst viel später, außerdem wird er auch zum Sprecher Büchners) von den Zumutungen Kaufmanns und der von ihm vertretenen Welt und Gesellschaft ab.

In diesem Streitgespräch (in dem Kaufmann kaum zu Wort kommt!) steht Realismus gegen Idealismus, Demokratismus gegen Aristokratismus, die liebende Versenkung »in das Leben des Geringsten«, also eine neue Lebensreligiosität gegen die »schmählichste Verachtung der menschlichen Natur«, das »Volk« gegen die »Bürger«. Solche Gleichungen und Kampfansagen, die Einheit von Kunst und Leben, von Ästhetik, Politik und Moral sind für Büchner eine Selbstverständlichkeit gewesen. Schon im Februar 1834 hatte er an seine Eltern geschrieben: »Der Haß ist so gut erlaubt als die Liebe, und ich hege ihn im vollsten Maße gegen die, welche verachten. Es ist deren eine große Zahl, die, im Besitz einer lächerlichen Äußerlichkeit, die man Bildung, oder eines toten Krams, den man Gelehrsamkeit heißt, die große Masse ihrer Brüder ihrem verachtenden Egoismus opfern. Der Aristokratismus ist die schändlichste Verachtung des Heiligen Geistes im Menschen.«

Jetzt, im »Lenz«, heißt es: »Dieser Idealismus ist die schmählichste Verachtung der menschlichen Natur.«

Kaufmann, als Anhänger der idealistischen Periode, ist zugleich ein Vertreter des menschenverachtenden Aristokratismus. Die ästhetischen Konfessionen des Lenz entwerfen dagegen auch das Vor-Bild und die Heimat eines anderen, liebevollen, brüderlich-demokratischen Lebens, einer anderen befreienden Schönheit, die allem Lebendigen eigen ist, einer revolutionären Liebe, die jeden zu verstehen sucht. Seine Ästhetik besitzt Erlösungskräfte – sie setzt auch noch den »Geringsten«, den hilflos Leidenden, den »Wahnsinnigen« zu sich selber frei und verkündet gegen alle Hierarchien mit seiner ästhetischen auch seine politische und moralische Gleichberechtigung; auch sie enthält die Absage an jene »teleologische Methode«, die alles Seiende in mechanische Abhängigkeitsverhältnisse bringt. Lenz-Büchner wollen, wie die niederländischen Maler, alles Lebendige auf »einfach-menschliche Art« sein und gelten lassen.

Wer die Probe machen möchte: Büchners poetisches Verhältnis zu Lenz verwirklicht das gemeinsame ästhetische Credo. Es gilt auch hier, was Elias Canetti in seiner Büchner-Rede für den Woyzeck gesagt hat. »Von Stimmen und von den Worten des Andern ist (er) gehetzt, doch vom Dichter ist er unberührt geblieben.« Das »Kunstgespräch« endet mit einem »Bild« im niederländischen Stil: »In der Art sprach er weiter, man horchte auf, er traf Vieles, er war roth geworden über den Reden, und bald lächelnd, bald ernst, schüttelte er die blonden Locken. Er hatte sich ganz vergessen.« Ein inniges Bild schöner Selbstvergessenheit, in der Lenz noch einmal zu sich selber, zu einer leidlosen Daseinsmöglichkeit findet, bevor er sich ganz verliert.

Die Prosa Büchners hat ihn für uns gerettet. Sie besitzt die orphische Kraft, Totes lebendig, Verborgenes sichtbar, scheinbar Unwirkliches wirklich und Wirkliches wahnhaft zu machen. Aus der äußersten Gesellschaftsferne gewinnt sie eine innige und elementare Natur- und Landschaftsnähe zurück; aus dem Wahn-Sinn macht sie auch einen sechsten poetischen Sinn; einen erschütternden Verfalls- und Erstarrungsprozeß bildet sie mit einer fluoreszierenden Sensibilität und Lebendigkeit ab, neben der die Gesundheit und Normalität des menschlichen Seelenlebens verkümmert erscheinen; die eisigste soziale Selbstentfremdung wird ihr zur Quelle intensiver, bisher unbekannter Icherfahrungen; in dem trostlosen Untergang eines genial veranlagten Menschen macht sie die Möglichkeit, die Wegrichtung eines anderen besseren Lebens erahnbar; eine diskontinuierliche Folge kontrastierender Momente, den alogischen Wechsel von Eruption und Totenstille, Bericht und Bewußtseinsstrom, von undefinierbaren Stimmungslagen und sprachlosen Gemütszuständen schließt sie zu einer offenen dramatischen Einheit zusammen. Wo das Leben als Gestorbensein erfahren wird, dort wird das Sterben lebendig – das gilt für den »Lenz« wie für die anderen Werke Georg Büchners.

Die atmosphärische und strukturelle Einheit der Erzählung ist gegeben, obwohl sie im äußeren Sinne Fragment geblieben ist. Die Handschrift ist verschollen. Gutzkow druckte die Erzählung erstmals 1839 in seinem »Telegraph für Deutschland« nach einer Abschrift von Büchners Braut Minna Jaeglé ab. Seit dieser wenig sorgsamen Veröffentlichung (und einem zweiten, noch weniger befriedigenden Abdruck durch den Bruder Ludwig Büchner im Jahre 1850) gibt es, außer den beiden offensichtlichen Lücken, Probleme mit dem Text, die bis heute nicht gelöst sind. Die hier gebotene Fassung wurde deshalb aus einem sorgfältigen Vergleich der beiden Erstdrucke und in Auseinandersetzung mit den bisherigen textkritischen Vorschlägen neu hergestellt. Einen restlos gesicherten und authentischen Text vermag auch sie nicht zu bieten.

Dennoch hat dieses »endlos vollendete Fragment« (Gerhart Baumann) stärkere Wirkungen auf die moderne deutsche Literatur gehabt als, Kleist ausgenommen, jedes andere Prosastück des 19. Jahrhunderts. Von Hauptmann, Wedekind, Hofmannsthal, den Expressionisten, Robert Musil über Paul Celan und Elias Canetti reicht die Kette der von dieser Prosa produktiv Berührten bis heute, bis zum »Lenz« von Peter Schneider und der »Unvollendeten Geschichte« von Volker Braun. Übertroffen wurde ihre Dichte, ihr lebendiger

Atem, und vor allem ihre liebevolle Versenkung in einen Menschen, der ohne eigene Schuld der Menschheit verlorengeht, noch nie, – eine Dichtung, die nicht altert.

insel taschenbücher
Alphabetisches Verzeichnis